ブラック企業

日本を食いつぶす妖怪

今野晴貴

文春新書
887

ブラック企業　日本を食いつぶす妖怪●目次

第8章　ブラック企業への社会的対策

はじめに

「ブラック企業」という言葉が急速に世間に広がってきた。従来は「暴力団のフロント企業」というイメージを持たれる言葉であったが、現在の使われ方は違う。今日使われるこの言葉の一般的な意味は、「違法な労働条件で若者を働かせる企業」ということになろう。いわば、若者の側から企業の労働実態を「告発」する言葉である。

これまで若年労働問題は、「フリーター」「ニート」などという言葉で語られてきた。つまり、若者の問題は彼らの「自分勝手」「気まま」な意識の問題であり、企業の側の労務管理の問題だとは捉えられてこなかった。

これに対し、「ブラック企業」という言葉は明確に企業の側の問題を表す。こうした問題設定は、かつてなかったことである。確かに、時代や社会環境の移り変わりの中で、企業の若者養成が難しくなってきた面もあろう。だが、これまでは、あまりにも若者の「意識」に問題が焦点化されすぎてきた。企業側の労務管理への問題認識の広がりは、重要な一歩だということができるだろう。

私は2006年の中央大学法学部在学中に若者の労働相談を受け付けるNPO法人「POSSE（ポッセ）」を立ち上げ、以来1500件を超える労働相談に関わってきた。当初は、企業側の明白な違法行為がある事案でも、「自分が悪いのではないか」と不安がる相談者が多かった。これに対し、最近では、「この会社はブラック企業なのではないか」という相談が増え、中には「ブラック企業の見分け方」を教えてほしいという相談も寄せられるようになった。

「ブラック企業」という言葉の広がりによって、確実に違法な企業への目線は厳しくなってきているのだ。

しかし、「ブラック企業」という問題を、ただ若者が「ひどい会社」から被害を受けている、とだけ捉えてはいけない。本書で述べていくように、ブラック企業問題は、日本社会にさまざまな弊害を生み出しているからだ。たとえば、ブラック企業は消費者の安全を脅かす。また、個人としての若者だけではなく、日本の経済・雇用システムを破壊してしまう。パワーハラスメントや長時間労働によって、若者のあいだで鬱病が蔓延すれば、それだけ国の医療費負担は増大する。あるいは、少子化が進展すれば、市場縮小や長期的な財政破綻の要因ともなり得る。

さらに、ブラック企業に絡む労働相談では、両親や恋人など家族からの相談も多くを占めている。息子・娘がブラック企業に入ってしまい、病気になってしまったといった内容だ。そうした被害の負担は国家のみならず、家族へもしわ寄せされる。それだけ「広がり」を持った問題なのだ。

「ブラック企業」という問題を考える際には、若者が個人として被害にあう側面と、社会問題としての側面の両面から考える必要があるのだ。本書では、この後者の側面、「社会問題としてのブラック企業」にまで射程を広げ、ブラック企業問題への社会の視野を広げたいと思う。

そこで、①ブラック企業が個人にどのように牙をむくのか、②個人としてどう対処すべきなのか、③社会的な害悪としてのブラック企業の実態と弊害、④ブラック企業への社会的な対策をそれぞれ論じていく。

個人の問題から社会へと視野を広げることで、ただ「ブラック企業を見分け」たり、「ブラック企業に入らないようにする」という個人的解決だけでは不十分であり、日本社会全体がこの問題に取り組んでいかなければならないということが見えてくるだろう。

第1章　ブラック企業の実態

【第Ⅰ部　個人的被害としてのブラック企業】

本書の前半では、「個人的な被害」としてのブラック企業問題を見ていく。ブラック企業は、ひとたび入ってしまうと、若者の人生を狂わせる。彼らは、精神を患い、時には命をも奪われる。ただ労働条件のわるい企業に入社してしまった、というだけではすまないのである。具体的に、どのような被害があるのかを、見ていこう。

■ブラック企業の「前史」

2000年代は、若者の雇用問題が広く認識されてきた時代である。ブラック企業問題を理解するうえでも、その前史に触れておくことは有益であろう。2002年に大学に入学した私にとっても、若者の雇用問題は自分自身の世代をめぐる問題として一貫して付きまとっていた。

ブラック企業問題が社会に広がる以前、若者の雇用・労働問題は、非正規雇用の広がりがその中心を占めた。非正規雇用の若者は「フリーター」と俗称され、彼らはまじめに働こうとせず、自ら安易な労働に従事しているとされた。また、「フリーター」だけではなく、まじめに働こうとしない若者の代表格として「ニート」なる言葉も発明された。「ニート」とは、働きもせず、通学もしていない35歳未満の者を指す言葉として使われ、いわゆる「引きこもり」のようなイメージとして広がった。ところが、公務員試験や資格試験を受けている者、家事に従事している者の一部、さらには労働災害で働くことができないでいる若者など、これまでも一定数社会に存在していた人々も含まれていて、問題が多い表現だ。若者に対する「レッテル」のような効果を持ってしまったともいわれる。2000年代の中ごろまでは、「若者が退化した」とか、「若者の生態はチンパンジーに似ている」などとする書物が多数出版され、活況を呈していたのである。

潮目が変わってきたのは2000年代の後半に入ってからだ。非正規雇用が若者の未来を閉ざすのだという事実が世間に知られるようになって来た。たとえば2005年2月に放送された、NHKの「フリーター漂流」という番組では、非正規雇用の若年労働者たちが、短期雇用でさまざまな工場で働く様が描かれた。「請負」と呼ばれる彼らの生活は、残業がないときや、病気で働くことができない場合には、収入が10万円を割り込むこともある。私自身も学術的に調査を行ったが、製造業派遣・請負労働者はフルタイムで働き、みな親世帯からの「自立」を志向しているのだが、工場の増産や減産に対応して全国的に配置転換され、派遣・請負会社の寮を転々とする。そして、次の仕事がなくなると、寮から追い出され、あっというまにホームレスに転落する。こうして2008年12月には「年越し派遣村」問題が引き起こされた。これら、非正規雇用問題がクローズアップされることで、若者の雇用問題の認識は大きく変わることとなった。

製造業派遣・請負は、非正規雇用の象徴的な事例だが、どんなに努力しても生活が安定化することはない点は非正規雇用に共通している。非正規雇用の問題は、若者に対し「先のない雇用」を押し付け、将来を奪っていると考えられるようになってきた。非正規雇用の若者は「貧困」であるとさえ認識されるようになっていった。

こうした「若年雇用問題＝非正規雇用の不安定」という構図の理解は、しかしながら新しい問題を引き起こすことになった。非正規雇用という貧困状態への恐怖が、今度は若者を、正社員を目指す苛烈な競争に駆り立てたのである。確かに非正規雇用は、従来の日本型雇用の慣行である終身雇用、年功賃金、そして企業福祉が完備されている状況とは好対照である。だからこそ、「先のない」非正社員から、「先のある」正社員へと、若者が選択を間違えなければよいのだ、といわれた。だが、これは逆にいうと、「先のない」非正社員となった若者は、「自己責任」なのだ、ということだ。

学校では非正規雇用者と正社員の、生涯賃金の格差が表にされ、脅迫的な教育が行われるようになった。「フリーターになると、こんなに悲惨だ」というわけだ。だが、望んだからといって、全員が正社員になれるわけではない。企業の側が非正規雇用を増やしている以上、若者の「努力」だけではどうしようもない。ますます少なくなる正社員の椅子を目指して、容赦のない競争が行われる。若者にかかる「正社員にならなければいけない」というプレッシャーは想像以上のもの。今では、大学生の4年間はほとんどが就職活動のために用いられる。1年生の内から、「就職のため」のボランティア活動やインターンシップ（就業体験）、資格受験などが盛んに行われるようにまでなっている。

以上がブラック企業の「前史」であるが、ここで、私自身との関係に触れておこう。若者に対する脅迫的な言辞は、2005年当時、大学生だった私の周囲にもすでに影響を与えていた。当時、中央大学の法学部で労働法を学んでいた私は、「正社員になれ」という脅迫的な言説に強烈な違和感を持った。なぜなら、規制緩和をはじめ、財界や政界では「非正規雇用を増やす必要がある」と盛んに論じ、また、実際にそのようにしてきたからだ。労働法や労働政策を学ぶ者にとっては、若年非正規雇用増加の問題は、決して「若者の問題」だけではないことは、自明であった。

そこで私は2006年に、大学の仲間と共にNPO法人POSSEを設立し、若者自身の手で労働相談活動や調査活動を開始した。フリーターの広がりと、政策論のずれに、一人の若者として強い危機感と憤りを覚えたことが、私の活動の動機であった。NPOを立ち上げて後、私は1500件を超える労働・生活相談にかかわり、数多くの調査活動を手掛けてきた。

相談活動にとどまらずに調査を行ってきた理由は、相談から見える個別のケースをただの「悲惨な事例」におわらせないためだ。ある事件が、実際にはどのくらい社会や若者を代表するものなのか。また、どのくらい重要性をもつ事案なのか。そうしたことは、実はよくわからない。

しかし、とかく若者の側の主張は「告発」にとどまりがちである。例えば、バブル崩壊が就職を直撃した世代を「ロストジェネレーション」という言葉で表現する若者運動がある。曰く、「私たちの世代は割を食った」ということなのだが、統計データからは、その後も若者の雇用状態は改善されていないので、必ずしもその世代だけが「割を食った」とはいえない。むしろ日本社会の変化のはじまりにすぎなかった。「ロスジェネ」の告発は確かに社会に一石を投じた意義はあったものの、「告発」であるゆえに社会的な広がりを持たなかった。だから、私はNPOを通じて、相談や告発だけではない問題提起をしたいと考えている。本書で扱う「ブラック企業問題」もこうした視点から、「社会問題」として考えたいのだ。

■「ブラック企業」との遭遇

本書の主題である「ブラック企業」という問題は、以上に述べたような若者雇用問題の流れの中にあって、新しい問題を提起している。ブラック企業問題の被害の対象は主に正社員だからだ。彼らの長時間労働や、パワーハラスメントといった職場の問題が、「ブラック企業」という言葉とともに告発されている。若年雇用問題の流れからいえば、今や正社員になったとしても安泰ではないということこそが、ブラック企業という言葉が世に鳴らした警鐘だといえる。

この言葉は主にインターネット上で広がっていったといわれており、IT企業の過剰労働を取り扱った映画『ブラック会社に勤めてるんだが、もう俺は限界かもしれない』が2009年に上映されてから、人口に膾炙《かいしや》するようになった。

私自身の実感からは、若者に広くこの言葉が浸透するようになったのは、おそらく

2010年の末以降ではないかと思われる。それというのも、2010年以降は、就職活動を行う大学生から、「内定を取ったのですが、この企業はブラック企業だというウわさがあって心配です」という趣旨の相談をたびたび受けるようになったからだ。労働相談の中でも、「この会社はブラック企業だ」という非難を聞いたことは、2010年までは一度もなかったが、それ以降はやはり急増している。

私自身が2010年以降に「ブラック企業」という言葉を意識するようになる上で、決定的に重要だった出来事がある。それは、リーマンショック以降の2009年2月、3月ごろに寄せられた若年正社員からの大量の相談である。この時期、正社員の若者が次々と相談に訪れたのだ。それまでも、非正規雇用者と同じだけ若年正社員からの相談が寄せられており、どれも深刻なものばかりだった。だが、09年のこの時期からは、明らかに若年正社員の扱いの変化が感じ取れた。それは「使い捨て」と呼ぶにふさわしい扱いを、若年正社員は受けているという実感である。あるいは、すでに変化していた正社員雇用の性質が、それまでの好景気の中では見えず、リーマンショックを契機としてあらわになったといってもよいだろう。

この時期の相談に共通していたことは、ほとんどが新卒からの相談だったということだ。

印象的であったのは、多くの違法行為が存在し、凄惨なハラスメントの横行といった状況にもかかわらず、相談者はみな「自分が悪い」と口々に訴えたことである。

ここにこそ、ブラック企業問題の深刻さが映し出されている。企業への異常なまでの従属と、人格破壊という、これまでとは明らかに質の異なる問題としての、「ブラック企業の構図」が見えてきたのだ。

■IT企業Y社の事例――徹底的な従属とハラスメント

この2009年の時期に寄せられた印象的な相談事例を紹介しよう。今からすれば「ブラック企業」と呼ぶにふさわしいであろうY社は、1000人近い社員を擁する都内のITコンサルティング会社である。ただし、コンサルティング業務は事業全体の1割程度で、顧客に従業員を派遣してIT関連の下請け業務を行う派遣業が事業の大部分を占めている。ホームページによると資本金1億円、売上げ90億円。IT業界の中でも成長企業として知られている。

はじめの相談は09年の3月だった。相談者のAさん（男性）は08年4月入社の新卒で、上司から退職強要を受けていた。「面談」「カウンセリング」などと称して、毎日数時間の圧迫が行われているという。ただし、本人はこれを「自分を育てるためのもの」と好意的にとらえており、第三者の立場からは、異様な精神状態にも見えた。相談の趣旨も、そうしたハラスメント行為自体ではなく、「退職に同意すると離職票の内容が自己都合退職となってしまうため、雇用保険の適用が受けられなくて心配だ」というものだった。

このような状況で、彼の相談への対応は、まず彼自身が被っているハラスメント行為をハラスメントとして認識してもらうところからはじまった。相談を進めていくと、同社にはAさんのような扱いを受けている新卒がほかにも多数いるということがわかってきた。ほどなく、2人の同僚も、相談に訪れることとなった。当時の相談者全員が08年4月入社の新卒。もちろん全員が正社員採用。彼らとは別に、半年後にも複数の方が相談に訪れ、最終的に、同社からの相談は合計で7名に上った。組織的な退職強要が行われていることは明らかだった。際立っていたのはその徹底した組織性と、執拗さである。

複数の相談者からの情報を総合し、この会社で何が起きていたのかをまとめてみよう。まず、典型的なBさん（男性）の事例から。

――Bさんは、新人研修後、派遣された企業から、「コミュニケーション能力の不足」とサーバールームに勤務中「歌を歌っていたこと」を理由に解約されて以来、派遣先が見つからず、「カウンセリング」と称する退職強要を受けていた（サーバールームは冷却ファンの騒音がすさまじく、自分の小声の歌が聞こえるとは思わなかった）。

派遣先が見つからない状態を社内では「アベイラブル（未稼働）」と呼び、アベイラブル状態の従業員は、「コスト」と認識されているという。"available"とはもともと、「利用できる、都合がつく」といった意味の語彙だが、社内では「他社に派遣されて、収益を上げるべきであるにもかかわらず、利益を全く上げずにいるため、コスト＝赤字である」と、極端にネガティブな再解釈がなされた上で用いられていた。「コスト」であるアベイラブル状態の社員は、仕事につき、収益を上げられるようになるための「教育」という名目の退職強要を受けることになる。

Bさんは毎日カウンセリングに呼び出され、2時間以上拘束されては叱責を受け、あるいは「タスク」を課されていた。「お前は信用されていない」「仕事は無理」「人間として根本的におかしいから感謝の気持ちから考える必要がある」「コンプレックス、自分史を書いて来い。生まれてから何をしてきたのか考えろ」「価値観を変えないとだめになる」「リボーン（生まれ変わり）させたい」。以上はカウンセリングを担当した上司の言葉である。

２００9年7月、彼に課された、ホームレスに働くとは何かを聞き、レポートにまとめるという仕事は「人間としておかしい」部分を改善するためのタスクの一つだった。彼は「自分に欠けているものだったなら、やってもいいかな」と考え、上司の命令を受け入れていたが、同僚の一人によれば「自分への自信を、だんだんに失っているように見えた。泣きそうな顔で呆然と座っていることがあった」という。彼自身、徹底的に「自分はダメなもの」という意識を持つようになったと語っている。そして、同月の内に、自己都合退職に至った。

先に述べたように、BさんやAさんは、ハラスメントに対して基本的に「自分が悪い」と思っていた。むしろ、こうした「自分が悪い」と思う状況を作り出すことが、ブラック企業の労務管理の特徴ともいえる。そして、会社への極端な従属が、その背景にある。

社内では、12年前に会社を立ち上げた社長が突出して強い権限を持っており、その下で執行役員と営業社員が９００人余りのＳＥやコンサルタント（客先に派遣されるため「デリバリー」と呼ばれる。Ｂさんもその一人だ）を管理している。営業社員たちは利益を上げる限りにおいて大きな裁量が与えられ、さながら個人事業主のようにそれぞれが抱えるデリバリーに采配を振るう。デリバリーの配属、給与、昇給率などに関する権限は彼らを管轄する営業社員が一手に握っている。この営業社員（直属の上司）の強い権限こそが、デリバリーが社内で上司に対して絶対的な服従を余儀なくされる直接的要因である。

「自分が悪い」と思うもうひとつの重要な要因は異常ともいえる職場統治の実態にある。社内では、ハラスメントや退職強要が横行しており、多くの社員は同僚が徹底的に追い詰められ、辞めていくさまを日常的に目撃している。相談を寄せた内の一人によれば、「次は自分かもしれないという恐怖に支配されている。そのため、社内は毎日緊迫した雰囲気」であるという。実際、当初200人以上いた2008年度新入社員は、2年間の内に、その半数が離職したという。ハラスメントがひどかったCさん（男性）の事例は特に印象的である。

Cさんは、新人研修後、営業部内の社長アシスタントというポストについた。社長アシスタントとは、要するに社長の雑用係である。営業部に配属された2週間後、「仕事が遅いのは見た目を気にしているからであり、コンサルタントで採用されたことを引き

ずっている」との理由でグレー無地のスウェットでの通勤・勤務を命じられる。就業時間外であっても呼ばれれば、すぐに社長や副社長のもとに向かい、雑用をこなさなければならなかった。ここでいう雑用とは、具体的には、社長の出迎え、カバン持ち、副社長のペットの散歩などである。

雑用に加え、副社長が管轄している稼働管理という部署の仕事を担当していたCさんの残業時間は1日平均5時間に及んだ。彼は懸命に仕事を処理しようとしていたが、社長や営業社員による叱責はやむことがなかった。「気がつかえない。おもしろくない」と評価され、なぜ「おもしろくない」のかと数時間にわたって問い詰められることさえあった。長時間残業と上司によるハラスメントで追いつめられたCさんは、別部署の同僚の目にも明らかなほど「痩せて顔色が悪かった。顔がひきつっていた」という。

結局、辞めざるを得なくなり、配属3ヶ月後に自己都合で退職した。

■「新卒＝コスト」「人間としておかしい」と罵られる

人格を傷つけるような暴言を含む異常なハラスメントの数々がまかり通るのは、常日頃から社員が恐怖によって支配され、社内の価値規範を強固に内面化しているからに他ならない。例えば、ここでいう社内の価値規範は、人事部執行役員による入社式の挨拶に端的に現れている。

「お前たちはクズだ。異論はあるだろうが、社会に出たばかりのお前たちは何も知らないクズだ。その理由は、現時点で会社に利益をもたらすヤツが一人もいないからだ」

「営利団体である企業にとって赤字は悪だ。利益をもたらせないヤツが給料をもらうということは悪以外の何物でもない。だから、お前たちは先輩社員が稼いできた利益を横取りしているクズなのだ」

「クズだから早く人間になれ。人間になったら、価値を生める人材になり、会社に貢献するように」

これらはすべて執行役員の発言である。入社初日から、「新卒は歓迎されていない」ことを知らしめられた新入社員たちだったが、その翌日から始まる過酷な新人研修のなかで執行役員の「コスト=悪」という価値観を叩き込まれていく。

新人研修では、新入社員たちは膨大な課題を与えられ、徹夜もまれではなかった。あるときは、終業時間の1時間後に翌朝提出の課題を与えられ、研修施設が閉まってから同僚の家に集まって仕事をこなし、一睡もせずに出勤することもあった。彼らに「課題をこなせない」という選択肢はない。新入社員は数人単位のチームに分けられ、作業をこなすが、チームの構成員は連帯責任を負うため、例えば、1人が課題を提出できなかったためにチーム全員が椅子なしでの仕事を強制される制裁を受けることもあったという。ある若手従業員によれば、「研修期間中の平均睡眠時間は3時間未満」であった。

このような肉体的な追いつめと並行して精神的な圧迫も間断なく加えられた。1年先輩の新卒教育担当者は、執拗に「新卒＝コスト」発言を繰り返した。具体的には、「新卒は赤字であり、会社にとってコストだ。先輩社員の時間を取ることはコストを増やすことだ。コストを増やすことがないように」「新卒は赤字なので営業や先輩社員の出す利益を給料としてもらっている。そのお蔭で生活できている」といった発言である。ある新入社員は教育担当者に「成果を出せ」と言われ、研修の成果をレポートにまとめて人事部に報告すると、「成果とは会社に利益をもたらすことだ。そんなこともわからない新卒は最悪だ。人間としておかしい」と詰《なじ》られたという。

「新卒はコスト」「人間としておかしい」と毎日のように罵られ、否定される環境下で、新入社員は睡眠不足と言葉の暴力から精神的にも肉体的にも追いつめられ、早く価値を生む人間にならなければ、ただのクズとして扱われるという恐怖に支配された。与えられた課題や仕事が終わるまでは寝ずに働く習慣が身に付き、彼ら／彼女らは上司への絶対服従と「コスト＝悪」意識とを身に付けていく。この職場において新人研修は従業員の「奴隷化」の最も重要な手法のひとつなのであろう。しかし、新入社員にとっては過重な労働と圧迫の恐怖に耐える日々の始まりに過ぎない。

■ハラスメントを通じて「効率的に」退職させる

研修を終えた新入社員たちは各部署に配属されるが、配属先が決まらない「アベイラブル」状態に陥った社員には容赦ない退職強要が待っている。はじめに相談に訪れたAさんは、まさにその状態にあったのだ。

――Aさんは配属先が決まらず、他のアベイラブル状態の社員とともに研修ルームで自習するなどして待機していた。待機が長期化したAさんは営業社員から「使えないヤツ」

とみなされ、人事部の執行役員との面談が設定される。この執行役員は、多くの社員を退職させてきた「カウンセリング」担当者である。「カウンセリング」担当執行役員の指示の下、Aさんの「問題を直す」、つまり「人間としておかしいと指摘された部分を改善する」ための「リカバリープラン」(後述)として数々のハラスメントが加えられた。Cさんと同様グレー無地のスウェットでの通勤と勤務を強要されたのはその一例である(この会社では、一時、6人ほどがスウェットで勤務している状態となったことがある)。また、「利益に貢献していないなら、やれることを探せ」といわれ、トイレ掃除、先輩の靴磨きなどを「自主的に見つけ出す」まで詰問された。上司は「お前は日本語がおかしい」と、休日に中学生向けの国語ドリルを数十冊解くことさえ指示した。

そして、待遇に耐えられず、自己都合退職した。

この会社では、Aさんのように多くの若者が追い詰められ、自主退職していった。このカウンセリングによる自主退職は社内で「カウンセリング・アウト」と呼ばれているという。驚くべきことに、この会社ではカウンセリング・アウトの手法が高度にシステム化され、非常に効率的に運用されていた。カウンセリングの被害者は大まかにいって4つの段

階を経て、離職に至っている。

カウンセリング・アウトへの第一歩は成績不良や人余りなどによるアベイラブル（未稼働）である。アベイラブル状態となった社員は、働いていないというわけでなく、社内の待機部屋などで自習や研修、「リカバリープラン」に取り組みながら、次の配属を待っている。つまり、他の従業員同様、会社の管理下に置かれ続けるわけだが、未稼働期間が長期化するほど「コスト」とみなされて営業社員による管理は厳しくなり、また叱責も激しくなる。ある相談者は、アベイラブル状態が続いたため、上司に1時間ごとに何をしていたか報告するよう指示され、就業中は深夜であっても営業社員に管理されていた（精神的に追い詰められ自主退職）。

前述の通り、営業社員たちはさながら個人事業主のようにそれぞれが抱えるデリバリーに采配を振るっている。彼らはデリバリーの配属、給与、昇給率などに関する権限を掌握しており、管理するデリバリーの稼ぎはそれぞれの営業社員の成績として計上される。デリバリーが出向した際の利益は営業成績となる一方、アベイラブル状態のデリバリーがいる場合にはその社員分が「コスト＝赤字」として成績から差し引かれるのである。この成果主義ゆえに、営業社員はどのような仕事であっても自らが抱えるデリバリーを配属させ、また未稼働のデリバリーを容赦なく切り捨てようとする傾向にある。

次に、営業社員による面詰や研修の甲斐なく、技能の伸長や資格取得がままならず、あるいは単にタイミングが悪いためにアベイラブル状態が続くと、直属の上司（営業社員）が「こいつは使えない」と判断する。そして、人事担当の執行役員に「カウンセリング」を依頼するのである。すなわち、第二段階は営業社員による切り捨てとカウンセリング担当者への引き渡しである。こうして、教育のための叱責ではない、純粋に辞めさせることを目的とした段階への入口、すなわち「カウンセリング」へと進む。

第三段階の「カウンセリング」はガラス張りのミーティングルームで行われる。中で何が起こっているのかは、同フロアの従業員から丸見えである。そこで、執行役員と2人きりになった社員は、ひとまずやさしくどのような人生を送ってきたか尋ねられる。そして、その後長時間にわたって、人生の失敗を掘り返しては自省し、自己否定を繰り返させられるのだ。もし、ミーティングルームに呼ばれた社員に大学浪人の経験があったとしたら、執行役員はなぜ浪人したのかと聞くだろう。そういったより重要なコンプレックスを引き出しては、なぜ失敗したのか考えるよう指示し、数十分、ときには数時間放っておいた後に、考えた末の理由を問う。その後、また問いを重ね、放置。同僚や先輩社員に状況が筒抜けのミーティングルームで、幾度も幾度もコンプレックスの抉《えぐ》り出しと自省を重ね、徹底的に自己否定することを強いられる。

■「改善」という名の人間破壊

先に紹介したBさんは、数時間に及ぶ毎日のカウンセリングで「生まれてから何をしてきたのか考えろ」と命じられ、「人間として根本的におかしい」などの叱責を受け続けて、ついには自身、「自分はダメなもの」という意識を持つに至った。Bさんのように「人間として根本的におかしい」部分を指摘されると、次にはそれを改善するため、「リカバリープラン」の各種メニュー（つまりバリエーション豊かなハラスメント）が提示される。例えば、Dさん（男性）の場合には以下のとおりである。

官庁関係のプロジェクトに所属していたが、配属の約3ヶ月後、プロジェクトメンバー数縮減に伴い、アベイラブル状態となった。

上司の指示に従わなかったことがあったため、人事部や営業社員から目をつけられていたDさんは、アベイラブル状態になると同時に、ＩＴ関係の研修や「プレゼンテーション研修」を受けるよう指示された。

プレゼンテーション研修は「リカバリープラン」でよく使われる手段のひとつである。この研修では、アベイラブル状態のデリバリーと、そのとき手の空いている営業社員が車座に座り、発表と質疑応答を交替で行いプレゼンテーションを練習する。集められるのは、退職強要のターゲットだけではないが、面詰や暴言が集中するのはターゲットとなっているデリバリーである。同席する営業社員は、ターゲットに対しては内容の如何《いかん》にかかわらず、厳しく叱責し、否定する。同時に、居合わせた他のデリバリーにも質問を出させ、ターゲットに回答を促しては、どうにか回答した彼に再び否定や質問を加えることを繰り返す。大勢の同僚の前でなぶり者にすることで羞恥心を煽るのである。Dさんも研修の際、直属の営業社員や研修指導者から激しい叱責を受けていた。

プレゼンテーション研修以外にも、毎日のように営業部に呼び出してカウンセリングを行う、反省文を書かせるといったハラスメントが加えられた。

2009年、入社から1年を待たず、自己都合退職に追い込まれた。

カウンセリング・アウトの最終段階は、多岐にわたるハラスメント・メニューである。

それらは、カウンセリング対象者の「問題」を解決するための「リカバリープラン」として課される。相談者たちは懸命に与えられた課題を処理しようとしたが、心身ともに疲れきって例外なく退職に至っている。そもそも、「リカバリープラン」は教育のためではなく、明確に、「使えない」とみなされた従業員を退職に追い込むためのものなのである。「ミーティング」はハラスメント手法の代表的なもののひとつで、Bさんが受けていた長時間にわたるカウンセリングがそれである。拘束時間は7時間に及ぶ場合もあったが、その間食事などはとれないので、ほとんど軟禁と変わりない。

■ナンパ研修、お笑い研修、セクハラの横行

ミーティング以外にも、Dさんがなぶり者にされたプレゼンテーション研修、Cさんが配置されたアシスタントという名の雑用係や度胸をつけるためという名目のナンパ研修（上司の見張る前で、駅前でのナンパを強要される）など、多岐にわたるハラスメントが展開されていた。若手のデリバリーであったEさん（男性）は先輩社員から「お前は堅過ぎてダメだ」と叱責され、「堅さ」を改善するためとお笑い研修（業務後の時間に本社内にいる若手社員を集め、その前でEさんが一人、お笑いを行う）を強要された。多くの社員が「辞めさ

せる」ことを目的としたハラスメントに心身を消耗させ、最終的には耐えきれずに自主退職を余儀なくされてきた。

これらハラスメント手法に共通するのは、努力しても何をしても罵られ、絶え間なく否定されるということである。人格破壊の非常に巧妙かつ洗練された手法といえる。人格を破壊するようなハラスメントが横行しているがために、社員は「次は自分かもしれない」と怯え、緊張の糸を張り詰めながら仕事をしている。現在もこの企業で働くある女性社員によれば、会社支給の携帯電話が鳴るのが恐ろしかったという。彼女のかつての上司は些細なことにも激しく叱責する性質の人物で、電話中、相手の言葉が聞き取れずに聞き返しただけでも激怒したという。電話に応答すれば必ず怒られるのが分かっているから怖い。電話の一本にも戦々恐々としなければならない働き方が、この会社の常態なのである。

こうしたことから、Y社からは、退職強要だけではなく、セクハラの相談も複数に及んだ。「コスト=悪」の内面化は、徹底的な会社組織への従属と対になっており、「利益を出している」とされる会社の上役や上司は、あたかも「神」のような存在として社内に君臨する。これがパワーハラスメントによる退職強要と同時に、セクシャルハラスメントをも可能にしているのである。被害を受けた女性は、「(上司は)何をしてもいい、と思っていたのだと思う」と話してくれた（セクハラの相談に際しては、もちろんＰＯＳＳＥの女性相談員が対応する。本人の意思で私も同席した際に、話してくれた言葉である）。

■「コスト＝悪」意識の内面化

若手社員たちは、苛烈な退職強要、圧迫、加虐のあり様を日常的に目にするなかで、間断ない恐怖と緊張にさらされているが、しかし同時に、会社の「コスト＝悪」「稼いだ奴は何をしてもよい」という価値観を強力に内面化していく。むしろ、会社の価値規範を上手に受容しなければ、働き続けることはできないといえよう。

ある女性相談者は、働いていた当時を振り返って、会社の考え方に染まっていた部分があると語る。ある同僚がアベイラブル状態であったとき、上司である営業社員から資格取得を命じられたが、なかなか試験に合格できないでいた。彼は毎日のように営業部に呼び出され、ナンパ研修を強要されることもあった。彼女はそれを見て、会社に対する怒りを感じつつも、「資格に受からないのであれば責められるのがうちの会社だ」と同僚にも責任があるように思っていたという。また、上司によるセクハラの被害を受けた別のある女性社員は、セクハラの事実を告発するとき、上司の貴重な時間を無駄にすまいと伝えるべき事柄を整理し、メモを作って手短に話を済ませようと努めた。彼女自身が体調を崩すほど疲労困憊していながら、ただ思い出すだけでも苦痛極まりないセクハラの事実を、上司を気遣ってビジネスライクに話そうとする、その行為自体が酷いストレスとなったはずである。彼女の行為は新人研修を通じて覚えこまされた「先輩社員の時間を取ることはコストを増やすことだ。コストを増やすことのないように」という教えに忠実に従った結果である。

だが、社内で相対的に上位の位置を占めたとしても、社内の価値規範を内面化したとしても、決して安泰というわけではないことに、ここで言及しておきたい。

Fさん（男性）は、若手の営業社員で、これまで紹介してきたデリバリーと違い、社内で相対的に上位の位置にいた。しかし、営業成績が振るわなくなったため、より上位の営業社員や執行役員などから激しい叱責を浴びせられ、またスウェットでの出勤や坊主頭にすることを強要されるようになった。営業成績を上げようと、自分が管轄している新人・若手のデリバリーに、幾つもの資格を短期間で取得させようとするなど無理難題を押し付けては、できないことを激しく責めて扱《しご》き、何人も離職に追い込んだが、努力もむなしく自らも自主退職に至った。

■大量採用、大量退職で「選別」

もう一つ指摘しておく必要がある。それは、Y社の就職活動に占める地位である。IT の中堅企業のY社であるが、就職活動に占める地位は決して高いわけではない。就職活動では通常、大手メディアや金融、商社、メーカーなどの人気企業は4〜7月の間にほとんどが合否を決してしまう。ところが、この企業の場合には10月にも採用を行ってきた。

相談者の中には、かなり遠方の地域から応募した方も多く、東京のIT企業の実態がわからずに、名前やホームページに書かれた謳い文句に惹かれて入社した方もいた。就職活動の果てに、いつでも大量に募集をかけているY社に吸収される。もちろん、新卒市場は人余りだ。この企業からすれば、常に大量に採用しておいて、「使える者」だけを残して、あとは大量解雇したい。これによって人材の「選別」が可能になる。

しかも、新卒の単価は安いために、選別を行いつつ、最大限「在庫」として利用する。さらに、効率的に選別を遂行するためにもっとも効果的な方法は、ハラスメントを繰り返し、彼らを人格的に破壊し、自ら「自己都合退職」に追い込むことであったのだ。

これらの行為はすべて、労働市場に「代わりがいくらでもいる」ことによって成り立っている。毎年200人を採用し、2年後には半数になる。これを繰り返して、常に新鮮で利益になる者だけを残すのである。

■衣料品販売X社の事例――超大手・優良企業でも大量の精神疾患が

次に、私が「ブラック企業」を強く意識させられた事例は、衣料品販売大手X社である。X社の被害者の方との出会いは少し特殊で、2011年に、NPOとして災害復興支援を行っている仙台市でのことだった。実は、私が仙台市の出身だという縁もあり、震災以前からNPOの支部を仙台市に設け、労働相談や貧困・生活相談を受け付けていたこともあり、2011年3月の大震災以降は、現地で被災者の生活支援活動を行っていた。

彼女はそんな私たちのボランティア活動に参加を申し出てくれた方の一人だった。仕事を辞めてからあるNPOで短期的な仕事をしているが、私たちのような若者のNPOでのボランティアにも興味があって、参加を希望してくれたとのことだった。連絡を受けて会ってみると、非常に行動的で、コミュニケーションの上手な方だった。見るからに「できそうな」人だということが伝わってきた。話はなぜ新卒での前の仕事を辞めたのかということに及ぶ。すると、前職は超大手の衣料品販売業で、グローバル企業を標榜しているX

社。辞めた理由は精神疾患に至ったことで、業務が原因だという。

Y社の経験から、新卒を大量に雇って精神疾患に至るまで追いつめる手法をよくよくしっていたので、まさかX社もその手合いの企業かと思い、他に同じように辞めた方がいるのかを聞くと、知っているだけで1年間に同期の半分くらいが辞めている。それも、みな精神を病んで辞めたのだという。

X社は超大手で、もちろん、就職活動においても非常に人気の高い企業。それが、1年目の新卒が鬱病で、次々と辞めているというのだ。彼女を含め、同期の社員の出身大学も、みな有名大学で、希望を持って入社したに違いない。超大手・優良企業で、なぜ大量の精神疾患と離職が生じてしまっているのか。辞めていった同期の方々に何が起こっているのかを尋ねることはできないかとお願いしたところ、10人ほどの方に話を聞くことができた。以下では、彼らの証言を背景として、主にAさん、Bさん、Cさんの3人の話を中心に実態をまとめた。

■就職活動では「エリート」だったが

まず、どんな人々がX社に入社しているのか。ここで紹介するAさん、Bさん、Cさんは、ともに同期入社で、皆女性である。就職活動の様子を聞くと、Aさんは「エントリーシートを出した数は、20社なかったくらいだと思います」という。エントリーシートは100社以上出すのが当たり前の現在の就職活動では、かなりの「エリート」だということがわかる。

そのうえで、Aさんは「この会社は文系だと営業職の募集が大半ですが、自分が何を売りたいか考えたときに、生活の本質的なところに関わるものが良いと思ったんです。衣食住の『衣』だし、X社なら商品に自信を持って売れると思いました。あとは実力主義的で、入社後に海外か本部勤務を自分で選べるという印象を受けて、そこに惹かれました。X社の内定が4月に決まったので、その時点で、ほかの会社については辞退したところが多かったです」と話してくれた。

X社は、他の大手の内定も得ていながらも、優先して入社したい職場だったことがうかがえる。また、4月の時点で内定を出す点からも、就職市場の中でも相当の「買い手」企業であることがわかる。その後、さまざまな企業を受けたとしても、X社に残る可能性が高いわけだ。

Bさんの場合も「私は、エントリーシートは30社に届かないくらいです。人と接するのが好きで、接客業やサービス業をメインに受けていました。X社にした理由は、サービス面での評価の高さと、人の育成に関われることです。内定をもらったのがゴールデンウィーク明けです」と早期に決めている。

さらに、語学に堪能なCさんは、グローバル企業への就職を目指していた。「私の第一希望は商社でした。とりあえず海外に行きたかったので、商社や海運を主に受けていました。エントリーシートは30社ぐらいです。受かった2社のうち、グローバルであることを打ち出していたのがX社だったので」入社したという。

以上の経歴から、X社がグローバル企業としての知名度を生かし、能力のある学生を集めている実態がよくわかるだろう。なぜ彼女らが鬱病に罹患して、辞めざるを得なかったのか。疑問は深まるばかりだ。

■「宗教みたい」な新人研修

順を追って聞いていくと、入社後すぐの研修に、すでに異様さが現れている。「3月1日から1週間研修があり、大学の卒業式の日だけ休みました」「卒業旅行も春休みもなかった」というのだ。5月のゴールデンウィークに戦力として間に合わせるのが目的とされるが、これは、アパレル業界で一般的に行われているというわけでもない。

研修は3月の1週間の後、「4月の頭、5月の頭、ゴールデンウィークの後ぐらいのペースで、それぞれ3~4日」行われた。内容は、最初は「礼儀正しさを叩き込む」ものが多かった。

「マナーやおじぎ、あいさつの仕方とか、姿勢正しく話を聞けていないとか、いちいち中断して細かいことまで怒られました。『何で、発言者に椅子を向けて聞かないんだ』とか『退席するときに机のまわりを片付けなさい』とか」。まるで「宗教みたい」だったという。姿勢、表情、手の挙げ方などまでが、指示された。

こうした研修に対し、当人たちは、接客マナーの域を超えたものだという印象を持った。例えば、休憩室に入るときの声の大きさまで注意される。「ノックをして『失礼します』と言って、入り方がダメだとやり直し」。廊下も「背筋を伸ばして指先まで意識を集中させて、まっすぐ歩きなさい」と指導された。

また、研修施設から食堂までの廊下は一列で歩かないといけない。「一番驚いたのは、初日の研修が終わってお風呂に入った後、X社のシャツを着るように指定されたことですね。研修のときに泊まったのが普通の宿で、一般のお客さんもいたからなんですけど」

こうした行動の徹底的な管理の他に、企業理念や社の基本方針などを、とにかく暗記させられたという。「研修までにそれら（企業理念など）を覚えてこいって宿題があって、入社式の前にテストもありました。丸暗記してグループ全員で順番に唱えるというのもありましたね。連帯責任で」。そして、2〜3時間かけても言えないグループは次の日まで続く。寝るまで、会場が閉まるまで、とにかく続く。この暗記に耐えられず、早くも辞めていく者がでる。

「6人くらいでグループが組まれるんですけど、全員できないと合格にならない。うちの班で1人だけ覚えてこなかった人がいて、全員の前で『みなさんのお時間をくださ い』って泣きながら言わされていました。あれはめちゃめちゃ辛かった。その女の子は1ヶ月で辞めましたね」

「私のときも覚えてきていない人がいる班があって、その子が覚えるまでみんな寝ないで必死に覚える協力をしていました。覚えてきていないことで反感を買っていて、トラブルが起きている感じもありました」

「私のときはトイレが汚いといわれました。手を洗うときに洗面台に水が飛ぶんですけど、その水が汚いみたいな。もともと持ち物に雑巾があって、みんな持ってきてるんですよ。休みの時間にトイレ使った人、あれって何にも思わなかったんですか、と。『感受性が足りない』ってここぞとばかりに怒られました」

このように、ひたすら精神面の指導が行われる。研修では「感受性」という言葉が頻繁に用いられた。さらには、「手の挙げ方がきれいで笑っていないと、手を挙げてても挙げていないとみなされる」こともあった。

はじめは違和感をもっていた新卒たちも、次第に「染まっていった」という。Aさん曰く「経営者に染まったほうが楽ですね。染まれないほうがつらいと思う。私も染まって、講師が質問を言い終わった瞬間、みんな我先に『ハイッ』と言うようになっていました」。

こうした研修の目的は何か。

第三者の目から見ると、技術の向上や、基本的な社会人としてのマナーを教えることを企図してはいないようだ。本当の目的は、従順さを要求したり、それを受け入れる者を選抜することにあるのではないか、と疑われる。それを裏付けるように研修では、怒鳴るなど、威圧する場面も多々あったというが、新卒が一番困惑し、精神を圧迫されるのは、言葉のきつさではなく、怒られる理由がわからないところにあった。Bさんがいうには、「言葉がひどいっていうよりも沸点がよくわからなかったですね」。また、Aさんも「些細なことで、『いや、ありえないんだけど』みたいな感じで怒りますね。どういう方針でこの人はキレてるんだろうって疑問でした」という。さらに、Bさんは「同期の人とか、この会社に入るとこういう感じで人が変わっていくんだって思いました」と話してくれた。

そして、研修の中でだんだんと同期は減っていき、Bさんの周囲では、最初は40人ほどいた同期も、５月の研修では６人減ったという。

これらの研修は、辞めるのを織り込み済みで、耐えられるかどうかを試しているように思える。そして、耐えて残ったものは極度に「従順」な人間に作り替わる。耐えられないものは、ただ辞めるしかない。だが、辞めていったのは研修だけが理由ではない。店舗で働くことを苦に辞めていった人も多かったという。

■「自己学習」「半年で店長に」のプレッシャー

店舗で働く中でX社に特徴的なのは、徹底した「自己学習」の要求である。Aさんは「30分前に店に行ったら『遅すぎるよ』と店長に言われたのが印象的でした」と振り返る。もちろん、「早く帰ったり、出勤がギリギリになったりすると怒られる」。就業時間中はきちんと働いていても、「意識が低い」とみなされるのだ。

「自己学習」の内容は、店舗運営のマニュアルを暗記するというもの。ただし、「社外秘」の資料なので、家で復習するために店で書き写すことが求められる。明らかに不効率な方法だが、X社としても流出を恐れているというわけではなさそうだったという。「根気があるか、忠実かを見られてる」と彼女ら自身が感じていた。

ただし、この作業は「不合理」と切り捨てるにはあまりにも過酷な業務だった。「量が多くて、絶対書き写せない。みんな工夫していて、同期で一人はこのページを、一人はこのページを書き写してシェアするということをしているところもありました」

さらには、休日もこの「自己学習」に充てられていた。マニュアルのテストが毎週あり、Aさんは「仕事の日は帰って2時間は勉強していた気がします。休みの日は一日中図書館に行って勉強してましたね。週2日の休みは、1日は勉強してもう1日は寝て、みたいな感じでした。プライベートの時間は何もなかった」。Bさんも「半年間の育成は半端じゃない詰め込みで、一回教えられたことは次の日にはできなきゃダメって感じでした」「私は5月の研修が終わったころ本当に残業が多くて、9時から21時半ぐらいまで働いていました。加えて自己学習しようと思ったら朝7時くらいに会社に行かないとできなくて……」。とにかくマニュアルを暗記させ、すさまじい勢いで「即戦力」として育成する。

こうしたX社の苛烈な人材育成であるが、その標語は「半年間で店長を育成する」ことである。X社はグローバルに店舗を展開し、急成長している企業。新卒を次々に「店長」に仕上げ、ついてこられるものを配置していくというわけだ。この最初の半年間を同社は「キャンペーン期間」と称し、店長格に優先的に採用するとしている。つまり、半年で店長になれて、普通。それができなければ、徐々にX社にはいられなくなっていく。

X社では、半年ごとの人事考課で店長になれるかどうかが判断される。そして、2年間、つまり4回の評価で店長になれないと平社員に降格になってしまう。逆に、店長になるとその中にも5〜6個のランクがあり、段階をあがっていくと海外勤務や本社移転などの希望が通るという具合である。

その一方で、店長を目指し続けないと、会社に残ることすらできない。「4回落ちると降格なんですが、やること自体は一緒で、また店長を目指します。店長を目指さないならいらないという雰囲気があります。降格されて辞める人は多いですね」。降格した者は、育成から見放される。

3月からの半年間は全社的に新入社員を育成する期間に充てられ、「キャンペーン」の対象となる。そして9月以降は自助努力。2年を過ぎると見放されることになる。中でも特に、はじめの半年間のプレッシャーはすさまじい。Bさんは最初の1ヶ月で体重が5キロ落ちた。自分が店長になれるかどうか、毎月評価が出ることが大きな苦痛だったからだ。

■入社後もずっと続く「選抜」

実際に半年で店長になれるのは4分の1から3分の1くらいだという。受からなかった者は、店長が居ない間のスタッフのとりまとめ、金銭の管理業務を行うが、「店長候補」とは呼ばれなくなる。しかし、「店長になれ」という圧力は続く。半年間のプレッシャーと、その後は徐々に会社にいられなくなるというサイクル。

正社員で採用されても「選抜」は終わっていない。店長になって初めて本当の正社員になる。それ以外は淘汰されていなくなる。社内では「店長にならない人はスタートラインに立っていない」とさえ言われていた。この言葉は端的に、採用後も「選抜」が終わっていないことを物語る。Aさん曰く、「入社しても2年間は本当に採用されるために活動しているようなものですね。その間に半分は辞めてます」。すなわち、店長になる過程が、同時にリタイアする過程でもあるわけだ。

店長になることができなかった者たちが、「辞めていった者」たちである。グローバル企業であることに魅力を感じていたCさんは、「私は早く海外に行きたかったので、店長は通過点として半年でなってやろう、なれなかったら辞めようと思っていました。X社に染まらないとやっていけないので染まろうと思ったんですけど、疑問が多くて結局染まりきれませんでした」。

店長を目指すことで、生活はすさみ、破綻していく。Aさんは、「仕事がある日は朝起きて、遅番だったら勉強してから出勤、早番だったら出勤してから勉強、それが基本で一日が終わり。食事は、朝は食べないことが多かったです。昼は基本的にコンビニで買って、休憩時間に食べていましたね。夜はご飯を作ることもありましたけど、遅い時間だとしんどくて、適当に食べていました。テスト直前は24時間営業のファミレスに夜遅くまでいました」。Bさんも「休みの日は前の週の金曜日にならないとわからないので、前もって予定を立てられる休みはありませんでした。楽しみがなかったですね」と振り返る。

それでもAさんは「でも、まだ自分は楽な方だったと思います」という。「九州の同期の話だと、店長に軟禁されていた感じだったので。社宅が同じなので休みの日も店長が勉強に付き合ってくれてずっと一緒。新人を半年で店長に仕上げると店長自身の評価にもなるから、必死な人は本当に必死でした。私も『Aさんの昇進・昇格に僕のボーナスかかってるから』と言われました」

こうした体質から、X社ではセクハラ・パワハラが絶えないという。同じエリアのリーダーが、セクハラで懲戒解雇されたこともあったという。「選抜」に加え、社内の上司が、部下に絶対的かつ強い権限を行使する点も、Y社との共通点である。

■苦痛に心を飲み込まれる瞬間

X社に入社してからの半年間は、すさまじいまでのプレッシャーをかけられる。皆、はじめはそれに順応しようとした。そして、彼ら／彼女らが直接的に辞めるきっかけとなった原因は、そうした緊張の中で、「店長にならなくていい」と思った瞬間である。その瞬間、すべての苦痛の意味が失われてしまう。それまでは耐えてきた、すべてのことが、逆流するように、心を飲み込んでしまうのである。

Ａさんが最後に配属された店舗は、田舎の立地で駅からも離れていた。そこの店長も女性だったが、彼女が朝から晩までずっと店舗にいるので、なかなか自分も帰ることができなかった。しばしば「仕事終わったの？　終わってないのに帰るの？」と言われた。結果的にほぼ毎日14時間も拘束されたという。さらに、それが終わった後も店長ともう一人の社員と食事に行き、「今後お店をどうしていくか」といった話を1～2時間していた。帰ってくると日付が変わっていることも珍しくない。仕事漬けの毎日。

「やらなければいけない作業がすごくたくさんあるんです。一番嫌だったのがレイアウトの移動でした。月曜日は毎週新商品が入ってくるので売り場を動かさなければいけないんですが、その計画や指示を私がやることになっていました。22時に上がってから一人でファミレスやファストフード店に行って、徹夜で準備していました。日曜日はラストまでだし月曜日は移動のために早番だったので、作業計画を書くと1～2時間眠る時間があるかどうか。あれは気が滅入りました」

そして、「そんな感じで前の店にいたときよりも家にいる時間や友達と会う時間が少なくなって、相変わらず持ち帰りの仕事はあって、だんだん『何やってるんだろうな』と思うようになりました。店長になりたいという気持ちは一応あったんですけど、そのときの女性店長は、勤務日は朝から晩までいて、休みの日も基本的に店に来て、来ない休みの日は寝るか前の店のスタッフと遊んでいると言ってて、すごく世界が狭いと思いました。それを店長が4年目でやってるのを見て、『この会社にいるとどんどん世界が狭くなっていくんだな』『こんなんだったら店長になりたくないな』と思ってしまって、そのあとから全然モチベーションが上がらなくなりました」。

さらに、「仕事中にぼーっとすることが増えて、朝も起きられないし、お店に行っても『何やるんだっけ』って何回も思ったり、店長に『やっといて』と言われたことを忘れてしまったり。『これはやばいな』と思っていたときに、辞めた友だちと話をして『一回病院行ってみなよ』と言われたんです。それで行ってみたら『会社を休んだ方がいい』と言われたんです。『3ヶ月ぐらい休んでもらうことになるよ』って。『うそ、3ヶ月も休めない』と思いましたが、『有給休暇を1週間とか、週2日の休みと繋げて3〜4日でもいいので休みをもらえないですか』と店長に聞きました。それまでずっと連休がなくて、外にも行けないし気持ちをリフレッシュできていなかったので」。
「でも店長に『そんなの無理』と言われて、『体調不良だって言ってるのに有給休暇も取れないの？』と思いました。また病院に行って、『やっぱり休みがほしいので診断書をお願いします』と言って診断書を出してもらって、それを店長に見せたら『明日から休んで』と休職になりました。働いて7ヶ月目くらいですね。それ以来、一回も店には行かずに半年後に退職しました」

■いったん休職しないと退職できない理由

実は、X社には「休職しないと退職できない」という暗黙のルールがあったようである。Aさんだけではなく、その他の多くの新卒社員が、一度「休職」の期間を経てから、ベルトコンベアーに乗るように、退職へと流れ落ちている。その間は、あたかも「クーリング期間」のようである。つまり、ほとぼりがさめて退職していくまでの過程が、筋書立っている。

――Bさんの退職までの経緯も、以下のようなものだった。

「私の場合は、パワハラはずっと感じていたし、冬の商戦に突入すると急に忙しくなって拘束時間は14時間になりました。それで、『もう辞めよう』『もし店長になっても店舗が変わるだけなのに、この生活をこれからも続けていく意味って何なのだろう』って思ったんです。その頃味覚も変わってきて、刺激物が欲しくなるようになりました。なぜか毎日カレーが食べたくなるんですよ。家に帰っても眠れないようになって、気分が落ちて、『いま車に轢かれたらいいのに』って思うようになりました。そうすれば仕事に行かなくていいからです。急激にやせたし、仕事中にMサイズの服が何枚足りないとか気付いても、とりに行く間に忘れちゃうんです」

そして、「そういうことをAさんに話してたら、『一回病院行った方がいいよ』ってアドバイスを受けました。ちょうどAさんも同じころに休職していたみたいで。それで病院に行ったら『休んだほうがいいし、一回実家とか帰ってゆっくりしたらいいんじゃないかな』と医者に言われました。そのままお店に診断書を持っていって、『私、辞めます』と伝えました」。

ここで重要なことは、Bさんが、退職するつもりだったにもかかわらず、「診断書がある状態ではたぶん退職させられない」と言われたということである。これは、ほぼ確実にX社が自らの過剰労働やパワーハラスメントを、「労働災害」だと理解しており、これを問題にされることを恐れたからだ。そのために、「クーリング期間」のように休職させることを企図した措置だったと見てよいだろう。

さらに、Bさんは「休職して治ってからでないと辞めてはいけない」とも、エリアのリーダーに言われたという。そして、医者に「2ヶ月くらいとりあえず休職してみたら」と言われ、2ヶ月間休職してから、ようやく辞めるに至った。その間の費用は医療保険の「傷病手当」と有給休暇などをあてられており、X社自体がこの心身の被害に支払った金銭はゼロである。

■毎日、床で寝る生活

Cさんの場合はどうか。

「私は半年がんばって、異動した先の上司が本当に尊敬できなくて、でもその人のせいで辞めるのが嫌だったんです。ずっとX社で働いていた人で、X社に染まりきっていました。前の店長はランクも2個上で、怒鳴らないし論理的に教えてくれる人だったんですね。だからその人は尊敬してたんです。でも、新しい店長は上へのゴマすりばっかりだし、自分のランクを上げるためだったら私たちを道具のように使う人だったんです。ものすごく感情の起伏が激しくて、間違えたら書類をドンッて投げられるし、『くそ！』みたいな感じでダンボールを殴ってるし、もう怖くて。『私はこの人になりたいのかな、理想ってなんだろう』って思って、この会社での将来像が見えなくなりました。

それで、自分でもわけがわからず、日々を過ごす生活になっていって。働いて寝るだけ。もうだめだって思って病院に通いました。もう嫌で嫌で涙が止まらないし、時間前に着いても店に入れないんです。駐車場で、『よし！』ってなってからじゃないと行けない。今思うと自分も精神状態が全然おかしかった。ずっと寝れなくて、朝まで起きてるんです。スマートフォンの『寝る』アプリを調べて、赤ちゃんがお腹の中にいる時の音みたいなのを聞いて、『寝れないよこんなんじゃ』と思いながらいろいろ試して。最終的に睡眠薬を飲んでいました」

同じような「寝る方法」の検索は、Aさんにも共通した体験だ。「私は朝全然起きれなくて。睡眠時間が短いから当然なんだけど。朝起きれるように、めっちゃインターネット

で検索してた。《低血圧　朝　起きる》みたいな」。そして、Aさんも C さんも、最後は毎日床で寝ていたという。次の日起きられるかどうか不安だから、である。「半年の間に店長にする」。X社の、この目的のために、ここまでの若者破壊を行う合理性が、果たしてあるのだろうか。

■好景気になろうが待遇は変わらない

ここまで、X社とY社の事例を見てきた。この2社は、私が「ブラック企業」という言葉から想起する、もっとも典型的な企業である。

これらに共通する特徴は、入社してからも終わらない「選抜」があるということや、会社への極端な「従順さ」を強いられるという点である。また、両社とも新興産業に属しており、自社の成長のためなら、将来ある若い人材を、いくらでも犠牲にしていくという姿勢においても共通している。経営が厳しいから労務管理が劣悪になるのではなく、成長するための当然の条件として、人材の使い潰しが行われる。いくら好景気になろうが、例え世界で最大の業績を上げようが、彼らの社員への待遇は変わることがない。社内の選抜と、「従順さ」の要求には終わりがないのだ。もちろん、「正社員」などというものも、これまではまったくことなった意味しか付与されていないことがわかる。

結局のところ、これらの企業に入社しても、若者は働き続けることができない。これから見ていく各章で、ブラック企業の行動原理についてば、いくつかに分類していくことになるが、働き続けることができない点で、すべてのブラック企業は共通している。ブラック企業がいくら増えたところで、そして、彼らがいくら雇用を増やしたところで、若者にとって安心して働ける社会は訪れない。

それどころか、彼らにとって、新卒、若者の価値は極端に低い。「代わりはいくらでもいる」、取り換えのきく「在庫」に過ぎない。大量に採用し、大量に辞めていく。ベルトコンベアーに乗せるかのように、心身を破壊する。これら大量の「資源」があってはじめてブラック企業の労務管理は成立する。「代わりのいる若者」は、ブラック企業の存立基盤なのである。

「正社員になること」を唯一の解答として与えられてきた若者にとって、正社員になったとしても、必ずしも安定が保証されないという事実は、残酷としかいいようのない事態である。いまやどれだけ競争して、正社員を目指したとしても、そしてたとえその競争に「勝利」したとしても、個人的にすら問題は解決しない。ブラック企業の問題は、格差問題が、非正規雇用問題から、正社員を含む若者雇用全体の問題へと移行したことを示している。

次章では、ブラック企業によって、命すらも奪われてしまった事例を見ていこう。

第2章　若者を死に至らしめるブラック企業

20代の、入社間もない正規職員が命を落とすという事件が立て続けに報じられている。中には有名企業や公務員の過労死もあり、周囲の羨むような就職口を見つけたからといって安泰ではないということがよくわかる。

過労死・過労自死事件には、多くの遺族が泣き寝入りする中、稀に裁判や詳細な報道からその内容が詳細にわかるものがある。いくつかの事例を紹介し、若者がどういう過程で命を失ったのかを見ていこう。これらは決して特異な事例ではない。命を落としていないだけで、私たちに寄せられる相談事例の働き方も大差はない。

■①ウェザーニューズ——入社したのに「予選」期間

株式会社ウェザーニューズは国内最大手の気象予報会社だ。携帯やパソコンで天気予報を見ると、大抵がウェザーニューズの提供によるものだ。２００８年、この会社に入った男性が入社半年後に自殺するという痛ましい事件が起きた。まだ25歳という若さだった。

遺族は会社に対して真相究明や労災保険申請の協力を求めるが、会社はこれに応じなかった。そこで遺族は自ら労災保険申請を行い、早期に労働災害として認定される。これをもって提訴、記者会見を行ったところ、会社の対応が改まり、即時に和解へと至る。これがウェザーニューズ事件だ。

この過程で明らかになったことは、ウェザーニューズでは①過労と②パワーハラスメントが当たり前のように存在しているということだ。この過労やパワハラが起きるメカニズムは、ウェザーニューズでは「予選」というシステムに集約されていた。

厳しい気象予報士試験や就職活動を勝ち抜いた若者に「予選」というのは一見するとおかしな話だが、ウェザーニューズでは入社しても半年間の「予選」という期間が設けられている。「予選」期間を通じて、実際に気象予報士として働けるかどうかが最終的に決まるのである。就職活動を経て雇用契約を交わしたのに、その契約を交わした時の期待通りに働くためには、事実上もう一度選抜に残らないといけない。これが「予選」と呼ばれるシステムだ。

「予選」の期間中、男性は必死に働いた。天気の記録をとっていた小学校時代からの夢を叶えるため、月に200時間以上の残業もこなした。上司からは「なんで真剣に生きられないのか」「なんでこの会社にきたのか。迷い込んできたのか」などと非難された。見かねた同僚が、男性は「死ぬことを考えるほど悩んでいる」と伝えても、「そういって甘えているだけ」と返された。これにも耐え続けた。後で遺族の方から話をきくと、死の前からずっと様子がおかしかったという。また、長時間労働のために当然家族との連絡もつきづらく、心配されていた。それでもがんばった結果、彼は入社してからたった半年で亡くなってしまう。もう夢が叶うことはない。

遺族の証言によれば、亡くなる前日に2回の面談が行われ、上司から「今の部署でこれから続けていくのは難しい。予選通過は難しい」と告げられ、これが死の引金になったという。激務を続けた彼の努力は報われなかった。

この「予選」という名称は、ウェザーニューズの事件で初めて耳にしたものだった。しかし、同様の「制度」はいくつもの会社で導入されている。この「予選」には、大きく分けて2つの効果があると思われる。事実上の選抜を行うことと、選抜に残ったものに過労を強いることだ。

ウェザーニューズの「予選」期間中に行われていた過労状態は、異様なものだった。厚生労働省がガイドラインとして定めている「過労死ライン」によると、月に80時間以上の残業をした場合、生理的に必要な睡眠時間が確保できないとされている。ウェザーニューズの被害者は、その約3倍の残業をしていた。

気象予報士の資格を取得しただけの能力のある人でも、過労死ラインの残業時間の3倍働いたとして、この先も働き続けられる保証はない。そういう会社では、残った人も当然のごとく同程度かそれ以上の長時間労働を強いられる。厳しい競争に勝ち残れないと職を失いかねないという状況の下で、過労に駆り立てられるのである。

ウェザーニューズのホームページにある「独自の企業文化」というページには、こんな一節がある。

《天気は眠らない。私たちも「24時間365日」眠らない。時々刻々と変化し続ける大気。私たちは、地球、自然環境に向き合いながら、「24時間365日」休むことなく、「サポーター価値創造」を実現するため、コンテンツやサービスを創造、提供しています。》

「予選」を経てウェザーニューズでの働き方を学んだ人々は、この企業文化に染まった働き方を当たり前のものとして続けることを要求されるのである。

■②大庄――「誇張された月収」という罠

「やるき茶屋」「築地日本海」「歌うんだ村」など、いくつものチェーン店を展開する一部上場の外食大手、株式会社大庄。大庄ブランドの中でも有名な居酒屋「日本海庄や」でも過労死事件が発生している。2007年4月に入社した24歳の男性正社員が、入社後わずか4ヶ月で急性心不全のため亡くなった。

男性は、平均して月に112時間の残業をしていた。毎朝9時頃に出勤し、夜11時頃まで働く生活を送っていたという。通勤時間などを差し引くと、自分の自由に使える時間はほとんどない。当然、労災として認定された。

ウェザーニューズのような「予選」の存在は確認されていないものの、日本海庄やの場合は契約の内容に長時間労働の原因があったとみられている。新卒者の最低支給額が19万4500円とされていたが、実際にはこれは80時間の残業をして初めて得られる金額であった。本来の最低支給額は、12万3200円だった。時給にすると770円程度になる。お金を得るために長時間働こうという意識を彼がどの程度持っていたかは判然としないが、こうした契約内容から、過労死してもおかしくない長時間労働が日本海庄やでは当然のものとして行われていたことはよくわかる。

研修中、会社の賃金に関する説明の中で、部長が「25日出勤、1日12時間」働く場合を例に挙げた。これは、月に300時間という労働時間で、過労死ラインを大幅に超過している。実際に大庄の社員の労働時間は長く、同じ店舗には月350時間以上働いている人がいた。亡くなった男性よりも100時間ほど長い労働時間だ。

しかも、こうした給与形態は予《あらかじ》め堂々と示されたものではなかった。裁判所の認定によれば、当時の大庄ホームページには「月給19万６４００円（残業代別途支給）」とだけ記載されていた。80時間以上残業しなければ残業代は追加されないことや、残業時間が80時間に満たない場合に給料が引かれることは全く書かれていない。この給与形態について詳しく説明を受けたのは、入社後の研修が初めてだった。本来の時給を覆い隠して人を集め、最低賃金ぎりぎりの金額で長時間働かせていたのである。

裁判では、会社だけでなく、会社の取締役についても責任が認められた。長時間労働を前提とした勤務体系や給与体系をとっており、労働者の生命・健康を損なわないような体制を構築していなかったことが認められる、画期的な判決となった。

しかし、その後の大庄ホームページを見ても、相変わらず残業代を含む基本給が表示されている。一人の青年が亡くなったことや、その死が労災として認定されたこと、裁判においても会社・取締役ともども責任が認められたことなどの反省は、未だに見られるとはいいがたい。

③ワタミ——労災認定にトップが「異論」

「ワタミ」という名前を聞いたことのない人は、恐らくほとんどいないだろう。「和民」「坐・和民」「わたみん家」などの外食チェーン店を全国展開し、介護事業などにも進出している一部上場企業だ。「ワタミ」の主力事業である「和民」の横須賀市の店舗でも、2008年6月、26歳の女性社員が入社2ヶ月で飛び降り自殺する事件が起きた。

女性の働き方は、やはり過酷だった。最長で連続7日間、深夜勤務を含む長時間労働があった。また、そうでなくとも連日午前4～6時までは調理業務などに就いていたという。「休日」にも、彼女が休む暇はなかった。午前7時からの早朝研修会があったり、ボランティア活動やレポートの執筆まで義務付けられていた。入社した直後の5月中旬の時点で、すでに1ヶ月の時間外労働は140時間を上回っていたという。この頃には、既に彼女は抑鬱状態に陥っている。その後も過酷な勤務が和らぐことはなく、6月12日に、彼女は死へと追い詰められてしまう。

彼女の死を労働災害と認定した神奈川労働局の審査官は、「残業が1ヶ月あたり100時間を超え、朝5時までの勤務が1週間続くなどしていた。休日や休憩時間も十分に取れる状況ではなかったうえ、不慣れな調理業務の担当となり、強い心理的負担を受けたことが主な原因となった」としている。

ところが、労災認定が報道された直後、ワタミ株式会社取締役会長としてメディアの露出も多い渡邉美樹氏は、「Twitter」で以下のような「つぶやき」を発信した。

「労災認定の件、大変残念です。四年前のこと昨日のことのように覚えています。彼女の精神的、肉体的負担を仲間皆で減らそうとしていました。労務管理できていなかったとの認識は、ありません。ただ、彼女の死に対しては、限りなく残念に思っています。会社の存在目的の第一は、社員の幸せだからです」

「バングラデシュ朝、五時半に、イスラムの祈りが、響き渡っています。たくさんのご指摘に、感謝します。どこまでも、誠実に、大切な社員が亡くなった事実と向き合っていきます。バングラデシュで学校をつくります。そのことは、亡くなった彼女も期待してくれていると信じています」

また、ワタミの広報グループは、次のような声明を発表した。

「本日、一部報道におきまして当社グループが運営する店舗に勤務していた元社員につき労災と認定されたとの報道がありましたが、報道されている勤務状況について当社の認識と異なっておりますので、今回の決定は遺憾であります」

月100時間から140時間ほどの残業があって労災認定されてもなお「労務管理できていなかったとの認識は、ありません」と会長が堂々と述べ、「今回の決定は遺憾」と広報グループが声明を発表するような企業では、再発を防止することは難しいだろう。

「リクナビ2013」における求人をみると、ワタミフードサービス株式会社の募集職種には「店長（候補）」「独立オーナー（候補）」の2つだけが書かれている。店長候補として過労に自らを駆り立てられる人間しか、この会社では必要とされない。そのようなモチベーション管理の下で、こうした悲惨な事故が起きている。

■④SHOP99――「名ばかり店長」で残業代ナシ

ローソンが100％出資する子会社、株式会社九九プラスが経営する「SHOP99」でも、危うく命を落としかねない事件が発生した。高校を卒業してから8年間アルバイト生活を続けていた20代の男性が、ハローワークで見た求人に応募してSHOP99に入社してから1年足らずの間に店長に昇格する。しかし、その4ヶ月後、休職に追い込まれてしまう。鬱病が原因だった。

慣れない仕事の中で売上げの管理やアルバイトの労務管理までを一人で行い、そのことが異常な長時間労働を招いた。24時間営業の店舗であるため、昼夜を問わず店舗に駆けつけなければならない。ひどいときには4日間で80時間も働いたという。「店長だから」という理由で、残業代は全く支払われていない。

男性は、「燃料のように働かされた」と当時を振り返る。この頃の記憶はほとんど残っていないとも語った。

労働組合の支援で男性は会社と交渉したが、会社は一切責任を認めず、裁判までもつれこんだ。東京地裁は残業代の支払いや鬱病に追い込んだことの責任を認め、原告の完全勝利となった。

しかし、「店長」というだけでは残業代を払わなくてもよいわけではないと学んだローソンは、支店経営の「SHOP99」をフランチャイズ経営の「ローソンストア100」に置き換え、雇われ店長ではなく個人事業主とすることで残業代の支払いを免れようとしている。

第3章　ブラック企業のパターンと見分け方

■ブラック企業の指標：働き続けることができない

ブラック企業の指標は、何と言っても大量採用・大量離職の実態にある。第1章、第2章で見て来たように、新卒をある種の交換可能な「物品」のように扱う。ブラック企業において、若者は「働き続ける」ことができない。そして、場合によっては精神疾患をきたし、その後のキャリアを破壊されてしまう。

本章では、こうしたブラック企業のあり方を、「パターン」として分類し、問題を見えやすくしよう。このためには、まずブラック企業がなぜこのようなことを行うのか、その動機を明らかにする必要がある。いうまでもなくブラック企業は営利企業であり、市場で利益を獲得することが営業の目的である。そして、ブラック企業の多くは新興成長産業で、破竹の勢いで業績を伸ばしている企業であることは、これまでの事例が示している。そうした利益を最大化させるために、若者を食いつぶしていくのである。

若者を食いつぶす動機は、いくつかに分類できる。

第一に、①**「選別」**（大量募集と退職強要）である。大量に採用したうえで、「使える」者だけを残す。これは、利益を出し続けるためには、ぜひともかなえたい、企業の欲望である。だが、通常の企業はこれを禁欲する。法的なリスクが高いうえ、社会的信用を傷つける恐れがあるからである。この「一線」を軽々飛び越えていくところに、新興成長企業の恐ろしさがある。

第二に、②**「使い捨て」**（大量募集と消尽）という動機がある。これは文字通り、若者に対し、心身を摩耗し、働くことができなくなるまでの過酷な労働を強いることだ。「労働能力の消尽」ともいえよう。これも、詳しくは第Ⅱ部で述べるが、従来の大企業では見られなかったことだ。しかも、大量に新卒を募集して、次々に使い捨てるため、労働不能の若者を大量に生み出す。①「選別」も②「使い捨て」も大量に募集して、残らない（働き続けることができない）という点では共通している。

第三に、③**「無秩序」**、つまり動機がない場合。これは、明らかな経営合理性を欠いているようなパターンである。パワハラ上司による（辞めさせるためではない）無意味な圧迫や、セクハラがそれである。これらは、「代わりがいくらでもいる」状態を背景とし、会社の労務管理自体が機能不全を引き起こしている状態である。

以上をパターンに分類して見よう（次ページ、表参照）。

ブラック企業のパターン

動機	パターン
大量の募集	1　月収を誇張する裏ワザ
	2　「正社員」という偽装
①選別	3　入社後も続くシューカツ
	4　戦略的パワハラ
②使い捨て	5　残業代を払わない
	6　異常な 36 協定と長時間労働
	7　辞めさせない
③無秩序	8　職場崩壊

もうお気づきのように、これらの「動機」による分類は、相互に重なる場合がある。グローバル企業のX社の場合でも、セクハラや無意味なパワハラは起きていたし（無秩序）、「選別」の過程では、心身を破壊しつくすような「使い捨て」が行われていた。

したがって、本章でいくつかの「パターン」に分類するからといって、ブラック企業を分類すること自体が目的だというわけではない。ブラック企業の、若者破壊の「パターン」を示すことで、ブラック企業の構図をより鮮明にすることが目的である。

■パターン1　月収を誇張する裏ワザ

ブラック企業が若者を大量に募集するために

行う手法が、「固定残業代」「定額残業代」である。この手口は普通の人は気付きづらいため、そういう意味ではかなり悪質と言える。残業代を「基本給」に含めることで月給を水増しし、誇張するのである。近年このような手口が増えた背景として、一部の専門家が「残業代節約術」としてこの仕組みを大々的に宣伝しているという事情がある。文字通り、残業代を支払わないためにこれらの仕組みは導入される。残業代は基本的にどんな場合であっても働いた時間通りに支払われなければならないが、事実上その規制をすり抜けてしまおうという脱法行為が「固定残業代」である。これによって、本当は低い給与を多く見せかけ、ブラック企業に大量に若者を呼び込む。

「固定残業代」は、一見して気付かれにくい。仮に労働法を学んでいたとしても、こうした手口の存在を知らなければ、初めは騙されてしまってもおかしくない。

このケースに関わる労働事件の代表格は、第2章でも紹介した、大庄が経営する「日本海庄や」の過労死事件だろう。まだ20代の男性が、入社して４ヶ月で突然死した事件だ。彼の死は労働災害として認定され、遺族が会社を相手取った裁判でも会社の責任が認定されている。裁判の記録を紐解くと、大庄がどのような労務管理をしているかがわかる。

当時の求人情報には、「営業職月給19万６４００円（残業代別途支給）」とあった。いまの就職市場の相場にしてみると、約20万円という初任給は比較的良い方だと言ってよいだろう。当然の事ながら、亡くなった男性もこの求人を見てエントリーしている。

ところが、後になって、この基本給のうち7万1300円分は80時間分の残業代として前もって支払われているものだということがわかった。このように基本給の中に一定額の残業代を前もって含ませる仕組みが、「固定残業代」「定額残業代」と言われるものである。残業代を80時間分支払っていれば、その時間までは幾ら働かせても企業の経済的負担にはならない。しかも、残業代を含んだ条件は、就活生が思わず飛びついてしまうような水準になる。

この事件に限らず、私たちには固定残業代に関する相談がしょっちゅう寄せられる。最近の賃金に関する相談の一定の割合を占めていて、かなり社会に広がっていることがわかる。

とはいえ、日本の職場では残業代未払いは古くから「サービス残業」として容認されてきた。そのため、「固定残業代」「定額残業代」をきちんと合法に運用しなければならないという圧力は働きにくい。大庄にも、その点で隙があった。

大庄の最大の問題点は、残業時間が80時間に満たない場合は基本給として提示していた

19万6400円を支払わないとしていたことにあった。つまり、「固定」でも「定額」でもなかったのである。そのため、提示されていた基本給を得るためには、過労死を引き起こしてもおかしくない水準の残業をしなければならないことになっていた。この点が裁判でも問題とされた。

しかし、こうした隙を無くしてしまうと、この「誇大広告」は確実に違法だとは言い難い。もし、契約時に一瞬でも説明があれば、残業代が含まれていることに「同意」して契約したものとみなされてしまう恐れがあるからだ。募集の際にどこまでの誇張を許すのかは、社会的な合意に関わっている。

「固定残業代」が合法であるための条件は、①何時間分で何円分の残業代が含まれているかが（計算すれば）わかること、②残業代の部分や基本給の部分の時給がそれぞれ最低賃金を下回っていないこと、③予め支払っている残業代の分よりも長く働いた場合、超過した分の残業代を支払うことだ。これらの条件を満たせば、「固定残業代」は違法とはいえない。

隙の無い「固定残業代」は違法ではない。しかし、これを正当なものだと言えるだろうか。ある会社は、100時間分の残業代や深夜労働、休日労働の割増を全て予め基本給に組み込んで支払っていた。働いている労働者は、そんな仕組みになっているとは思わないため、「給料は良いが仕事がきつい上に残業代も出ない」という程度の認識しかない。いざ残業代を請求しようとして初めて、会社側の策略に気がつくのである。計算してみて驚いたのは、1円のずれもなく最低賃金と一致するように賃金が設定されていた。

これだけの誇大広告を隙のないようにすると、残業してもしなくても定額の残業代を支払わなければならなくなる。その結果、必然的に過労が生じる。どうせ払うのであれば、遊ばせておくよりも働かせた方がよいという判断が働くからだ。こうした制度を導入するほどの会社であれば、なおさらそうした判断に振れやすい。

こうして、後の訴訟リスクを下げ、安く、大量に人を集めることが可能となっている。

■パターン2 「正社員」という偽装

正社員として募集しているにもかかわらず、面接に通って契約を交わす段になって突然非正規社員での契約書を渡される場合がある。この場合も、「正社員」として募集をかけることで、大量に人を集めようという魂胆がある。

手口としていちばん多いのは、「試用期間」を用いたごまかしだ。正社員として採用する場合、多くの企業では通例として「試用期間」が設けられている。「試用」だからといって、雇用契約が成立していないわけでもなければ、「お試し」感覚で人を雇っていいということでもない。試用期間の前提には正社員として長期に雇用することがあるからだ。正社員として長年にわたり会社で働いてもらうことが念頭にあるからこそ、社会人としての最低限の能力があるか最終確認するための期間を「試用期間」として設けているのである。

この「試用期間」慣行を悪用するケースがある。具体的には、「試用期間」だと称して一定期間（3ヶ月・6ヶ月・1年など）の有期雇用契約を結び、会社が雇いたいと判断した場合にのみ正社員として改めて契約を交わす。これは「本採用」と呼ばれている。長期雇用を前提とする最終確認期間の「試用期間」は、ここではすっかり「お試し」の採用になっている。だから「本採用」という言葉が出てくるのである。

さらに、最近ではこの「試用期間」の間を、契約社員の待遇にしている場合もみられる。もちろん募集では正社員なのだが、契約のときは、契約社員にさせられる。こうした相談も寄せられる。さらにひどい場合には、何年も働いているのに、けっきょく正社員になれたのかどうかよくわからない、とか、一度正社員に「本採用」と言われたのに、そのあと、もう一度契約社員に戻ってやりなおすように言われた、などという場合もある。

厳しい就活情勢や、正社員でもすぐにクビになってしまう状況が広がっていることを背景に、「お試し」の雇用が広がっている。そして、この「お試し」の期間に、以下に見るような選別を行うのである。

■パターン3　入社後も続くシューカツ

動機としての「選別」の中の一つ目が、「入社後の選別競争」だ。大量に採用し、多くの人が短期間で辞めていく職場では、こうした競争が行われていることがよくあり、酷いところになると、1年間の間に同期が8〜9割も辞めてしまう。

これも第2章で紹介した事例だが、ウェザーニューズという最大手の気象予報会社では、2008年、わずか入社6ヶ月の男性が自ら命を絶つ事件が起きた。この会社には「予選」というシステムがあり、就活を勝ち抜いてなお選抜競争がある。就職活動を終えてなお、「予選」というシューカツ競争にさらされるのだ。その中で月に200時間以上の残業を繰り返し、精神的に正常とは言い難い状況の下、予選落ちを告げられたと思われる日の翌日に自ら命を絶った痛ましい事件だ。

ウェザーニューズには優秀な人材が集まっているが、それを1年足らずで使いつぶしている。労災保険の申請にも協力せず、遺族が裁判を起こしてマスコミが大々的に取り上げると一転謝罪する態度を見せて和解に至ったが、その後も社内の労働組合員をいじめるなど「ブラック企業」を脱け出していない。その労働組合が、和解後も働き方に変化が見られないことを証言している。

ウェザーニューズはまさに「ブラック企業」と呼ぶにふさわしく、「予選」というシステムも現代の社内選別を象徴的に示した言葉だといえるが、この仕組み自体はウェザーニューズに限らない。第1章で見たX社の事例も、ウェザーニューズほどあけすけに行ってはいないものの、事実上入社後も、「店長」になるまでは社員とは認められていない。また、ワタミの過労自殺事件でも同じ構図が若者を死に追いやったものとみることができる。

厳しい就活を終えた新卒労働者にとって、入った会社を辞めることにはいくつもの不安がつきまとう。もう一度就活をしてどこかの会社に雇ってもらうことはできるのか、第二新卒は一度目の就活よりも不利なのではないか、と。「ブラック企業」は、その労働者の不安につけこむ。大量に人を集めた上で、実際に働かせて競わせる。就職活動よりも逃げ場のない状況で、誰が本当に都合よく使える人間なのかを試すのである。

この「選別」の基準は、就活の不採用の理由と同様に、労働者にとっては非常にあいまいだ。しかし、会社が自由に選べるのである以上、労働者はただ従順に仕事をして選ばれることを祈るほかない。このことが、新卒の労働者を異常な過労へと駆り立てる。

大量採用した人間を選別することには、副作用もある。「予選」を勝ち抜いた人間にとっては、自ら従順に過労に駆り立てられることが当たり前となる。特に最初に入った職場でこうした仕組みがあれば、それが「社会のルール」であると考えても不思議ではない。「予選」には、ある種の通過儀礼的効果もあるのである。

この過程で選抜に落ちたものは、時にはアルバイトとして契約しなおすことを求められたり、時には解雇の憂き目に遭う。あるＩＴ企業では入社式の直後はロッカーを２人で共用しているという。暗黙のうちに、多くの社員が選抜で辞めさせられることを予告している。

■パターン4　戦略的パワハラ

「選別」の結果、「会社に選んでもらえなかった」人の多くは会社に残ることを許されない。しかし、正社員として無期雇用で契約を交わしている場合、その程度の理由で解雇することは合理的とは判断されない。

詳しくは第4章で論ずるが、ブラック企業はこの解雇の規制をまぬがれるために、社員が「自ら辞めた」という形をとろうとする。

労働者に「一身上の都合で辞めます」と一筆書かせることで、訴訟リスクを軽減しようというのだ。もし労働者に解雇は不当だったと争われそうになったら、「こちらには証拠がある」と強弁する。これも、契約当事者の意思に反した行動を本人の意思であるかのように偽らせるため、契約の原則から逸脱している。しかし、職場の力関係が圧倒的な場においては、こうした無理も通るのである。

更に、こうした訴訟リスクを避ける手口が高度化している。それが「戦略的パワハラ」だ。組織的にパワハラを行い、精神的に追い詰められた労働者が自ら辞めるのを待つ。会社から「辞めてほしい」とは一言も言わずに、目的を達成することができる。これは「辞めちまえ」と理由もなく解雇するより、表向きは穏健にみえるかもしれない。しかし、本質的な狙いは全く同じである。しかも、その弊害は精神的な疾病にかかってしまう「戦略的パワハラ」の方が深刻だ。職だけではなく、健康も失ってしまうことになる。

戦略的パワハラの背後には、「ここまでならぎりぎり退職強要にならない」とアドバイスする弁護士もいる。この手口が悪質なのは、健康を害することが副次的な悲劇としてではなく達成された目的として起きる点にある。会社は組織を動員し、悪知恵のはたらく参謀を雇ってこの目的を達成する。

具体的に「戦略的パワハラ」の手口を紹介しよう。

まず、この手の会社にはリストラ担当の職員がいる。彼らは狙いをつけた職員を個室に呼び出し、「お前は全然ダメだ」と結論ありきの「指導」をする。業績不振をあげつらうこともあれば、「うちの社風に合っていない」と「指導」することもある。そしてその職員が「ダメな奴」であることを前提に、様々なタスクを課す。

たとえば、ＰＩＰ（Performance Improvement Program：業務改善計画）と称して達成不可能なノルマを設定させ、「そのノルマを達成できないなら責任をとれ」と転職をほのめかす。達成可能なノルマを設定すると、「意識が低い」とつめよられるため、この手のＰＩＰに入ったら逃げ道は無い。

Ｙ社の場合には、「リカバリープラン」と称して精神的に追い詰めるようなタスクを課していた。坊主頭での出勤を命じたり、コンサルタント会社の集まる社ビルにスウェットで出勤するよう命じたり、他にも「コミュニケーション力を上げるために」と駅前でのナンパ、中学校の漢字の書き取りなどをさせる。いずれのタスクもやり遂げたところでその状態から脱け出せるわけではなく、当然ながら本人にとっても意味が感じられない。

会社からの「指導」に素直に従ってしまう人は私たちに相談に来る人の中でも多く、ある人は会社に認めてもらおうと難しい資格を短期で3つも取って能力を示した。にもかかわらず、会社は「うちに合わないから改善が必要だ」と追い込む。

こうしたことを繰り返していると、人間は驚くほど簡単に鬱病や適応障害になる。そうなった頃に、「会社を辞めた方がお互いにとってハッピーなんじゃないか」と転職を示唆するのである。「解雇してほしい」と労働者が言ったとしても、「うちからは解雇にしないから自分で決めてほしい」と、退職の決断はあくまでも労働者にさせる。

精神障害になることは初めから想定されているため、労働者が病気になるまで追い詰められたとしても会社は躊躇《ちゅうちょ》しない。適応障害になったと報告した社員に「ほら、前からうちには合わないって言っていた通りでしょ。あなたはうちには適応できないんですね」と言って謝罪させ、一緒に精神科の産業医のもとに行って「この人はうちで働き続けない方がいいですよね」と産業医に同意を求め、更に精神的に追い込んだ例もある。

労働者が最後まで「辞めない」と言ったとしても、病気になってしまえば後は簡単だ。

休職に持ち込み、休職期間中も定期的に嫌がらせを行い、休職期間の満了まで「復職できない」と判断すればよい。「戦略的パワハラ」の事例を通して、労働者の健康がどれほど軽視されているかがよくわかるだろう。

「戦略的パワハラ」の弊害は経済的にも生じる。雇用保険を利用するとき、自己都合で辞めた人には3ヶ月間の受給制限期間が設けられる。このペナルティを、本来受けるべきでない労働者が受ける。雇用保険も受給できない状態で、鬱病で放り出されることになる。

■パターン5　残業代を払わない

ここからは、「使い捨て」を動機とした、ブラック企業のパターンを見ていく。「使い捨て」は、代わりがいくらでもいる中で、若者を、安く、厳しく、使い尽くす。まず、残業代不払いの手口から。

残業代を払わない方法を挙げていくとキリがないが、いずれの場合においても目的は労働者を安く長く働かせることにあるという点が重要だ。安いがゆえに長く働かせることができる。残業代未払いは、単に不当に賃金を支払わないだけでなく、過労をひきおこす要因ともなっている。具体的な手口をみていこう。

もっとも単純な手口は、適当な理由で残業代を支払わないというものだ。「お前の仕事が遅いから」「お前の業績が悪いから」「会社の経営状況が悪いから」「事前に残業の承認を求めなかったから」など、様々な理由をつけて支払わない。理屈としては、万引きで捕まった人が「お腹がすいていたから」「スリルを求めたかったから」と言っているのと同じレベルだ。仮に理由として提示したことが本当だったとしても、違法なことをしたという事実に変わりはない。

しかし、どんなにレベルの低い言い訳でも、若者が「おかしい」と言いづらい職場ではこれが許されてしまう。

もう少し悪知恵の働く会社は、法律や制度に基づいて残業代を支払わなくてよいかのような装いをする。その最たる例が「みなし残業」と呼ばれるものだ。特に営業職で導入されていることが多い。「営業手当」「職務手当」などとして毎月数万円を支払い、そのほかの残業代を支払わない。

このように残業代を支払わなくてよい制度は、確かに存在する。「みなし労働時間制」と呼ばれるもので、「企画業務型裁量労働制」など3つのパターンがある。ところが、相談として寄せられるケースにおいて、この制度をきちんと運用していた事例はまずない。

つまり、「みなし」と言っているだけで、その法律上の要件を満たしていないのだ。「みなし残業」という、法律用語ではない言葉が出回っていることも、もしかしたら関係があるかもしれない。

もう一つ、「みなし残業」と同じように、残業代の支払いを免れられるように装う場合がある。「労働者ではない」と言ってしまうことだ。大体、「管理監督者」とされるか「個人請負」とされるかのどちらかである。

「管理監督者」については、「名ばかり店長」「名ばかり管理職」問題といえば聞き覚えのある人もいるだろう。経営者と同格程度の労働者（管理監督者）であれば残業代を支払わなくても自分の裁量で無理なく働けるだろうということを前提に、会社は彼らに対する残業代の支払いを免れることができる。この法律を拡大解釈して、とても経営者と同格とは言えない小売店の店長や事務所の管理職にも残業代を払わない会社がいまなお多数存在する。

「個人請負」の場合、労働者はいきなり「事業主」になる。「委託」「委嘱」「請負」など、雇用契約とは異なる契約書を交わし、労働法の埒外で働かされる。牛丼チェーンの「すき家」を展開する株式会社ゼンショーは、アルバイトで働く従業員を事業主だと未だに強弁している。アルバイトは「事業主」であって労働者ではないから、労働法に守られる必要もないというのが彼らの論理だ。

最後に、パターン1で紹介した「固定残業代」も挙げることができる。「みなし残業」との違いは、「みなし残業」が残業代を支払っていないことを覆い隠すトリックであるのに対し、「固定残業代」の場合は基本給をいじることで残業代を支払っている実態をつくり出すところにある。その意味で、もっとも洗練された手口であると言える。

■パターン6　異常な36協定と長時間労働

日本の法律の不備を悪用して、違法ではない形で過労死するような長時間労働をさせる会社もある。労働基準法では、1日8時間・週40時間を労働時間の上限とするように定められている。ところが、労働基準法36条に基づく「36（サブロク）協定」という協定を労使で交わすと、この制限を取り払うことができる。この「36協定」を通じて、過労死しそうな水準の長時間労働をも違法でなくしてしまう。

一応、「36協定」で延長してよい労働時間にも、上限時間が定められている。しかし、この上限時間は法律上明記された義務でないため、労使協定さえ結んでしまえば比較的容易に受理される。また、通常延長する労働時間のほかに「特別条項」を付け加えることによって、更に長い時間働かせることが可能となる。

厚生労働省の定める「過労死ライン」によると、月に80時間以上の残業をしていると生理的に必要な睡眠時間を確保することができないとされている。しかし、このラインをオーバーする特別条項を結んでも、違法にはならないのが日本の法律なのである。

東京新聞が独自に行った調査によると、東証一部上場企業の売り上げ上位100社（2011年決算期）のうち、約7割が過労死ラインを超える36協定を提出していた。生理的に必要な睡眠時間を確保するような働き方は、多くの会社で未だに現実のものとなっていない。

日本の大企業の大半でこうした長時間残業が導入され、さらに国家も事実上規制をかけていないという状況は、世界的にみれば異様な事態である。だが、日本社会でこうしたことが認められてきた背景には、長時間残業と引き換えに、「終身雇用」と「年功賃金」という手厚い待遇が用意されていたからだ。

ところが、ブラック企業にそんな手厚い待遇が用意されているはずはない。入社後も選別は続き、いつパワハラで自己都合退職に追い込まれるかもわからない。ブラック企業はこうした日本型雇用に付随した「長時間労働をさせる権利」だけを悪用しているのだ。

■パターン7　辞めさせない

また、「使い捨て」型の「ブラック企業」に関して寄せられる相談では、「辞めさせてもらえない」というものが増加している。労働者を安く長く働かせる「ブラック企業」では、労働者が自発的に辞めることは許されない。

企業が辞めさせたいと思ったり、労働者が体調を崩したりしたときにはあっさり解雇されるものだが、特に企業の考えていたタイミングの離職でもなく、労働者が「壊れて」いないうちには、ブラック企業は労働者を辞めさせようとしない。特に新規の人員募集を面倒に感じやすく、労働者1人当りの比重が大きい中小零細企業で、「辞めさせてもらえない」ケースはよく起こる。早いうちから転職活動をしようと思っていても、「後続が決まるまで勤めなさい」「あなたを雇うためにかかった手間の分は働いてもらう」など、色々な理由をつけて労働者が会社を離れられないようにする。

退職手続きだけ済ませて働かせていた会社もある。書面ではもう雇っていない形式を整えて、実質的にただ働きをさせるのである。会社の「辞めるな」という言葉に付き合って、結局身体を壊すまで働いてしまう人もいる。そうすると、今度はあっさり辞めさせられたりする。

ブラック企業が辞めるなと言ったとしても、法律では労働者は辞めることができる権利を保障されている。辞められなければ奴隷と同じだからだ。ところが、いざブラック企業の制止を振り切って職場を辞めると、追い打ちをかけるような嫌がらせを受けることがある。社内の他の労働者に対する「見せしめ」や、勝手に辞めたことへの不当な「仕返し」としてこれらの嫌がらせは行われる。幾つか例を挙げてみよう。

一つ目は、離職手続きを進めない嫌がらせだ。厚生年金・健康保険・雇用保険など、各種社会保険の手続きを行わない。そのせいで失業中の給付金を受けることができなくなるし、再就職にも支障をきたす場合がある。これらは、いずれも国の保険制度を私物化して行われるパワハラだ。

二つ目は、最終月の給料を支払わないことだ。これは、単にコスト削減のためにも起きることがある。パワハラが原因で会社に行けなくなってしまったような場合には、最終月だけ手渡しにすることで支払いを免れようとする会社もある。会社に行けるような状況ではないのに、「来なければ払わない」とする。

三つ目は、損害賠償の請求である。「会社が辞めるなと言っているのに勝手に会社に来なくなった」という愚にもつかない理由で無断欠勤の損害賠償を請求されるケースもある。請求の書類を送るのは多少の法律知識があれば簡単にできるため、これで儲けようとする悪徳弁護士・社会保険労務士が請求書に捺印する場合もある。全く応じる必要のないものだが、経験のない人は多大なストレスを感じる。「損害賠償させるぞ」と脅したところで、実際に裁判をしても請求が認められるはずもないが、当事者を脅しつけたり他の従業員に対する威嚇になったりという実利はあるわけだ。

「辞めさせない」と「辞めさせる」というブラック企業のパターンは、一見矛盾しているかのように見える。しかし、これらは第1章で見たようなブラック企業への徹底した若者の従属と、極端な支配関係に同じ根源がある。選別のために辞めさせるも、辞めさせずに使いつぶすも彼ら次第。いわば、ブラック企業は「生殺与奪」の力を持っている。また、ブラック企業はこうした支配の力を、利益を最大化させるために用いるという意味で、行動に一貫性を持っている。「辞めさせる」ことも、「辞めさせない」ことも、同様に、あくなき利益追求に端を発している。

■パターン8　職場崩壊

最後に、集団生活の中ではぐくまれる秩序が全く機能しない状態になる「職場崩壊」のケースを紹介しよう。他のパターンでは企業の組織的な狙いが比較的明確であるのに対し、このパターンでは会社の狙いははっきりとはわからない。中には逮捕されてもおかしくない事案もたくさん起きているし、身体や生命の危機を感じるような事件も起きている。部下や社員には見ず知らずの他人以上に何をしてもいいのだというおかしな価値観が、職場を支配しているのである。これらの行為は企業の利益追求動機という観点からも合理性を損なうのではないかと思われるものだが、代わりの若者がいくらでも入ってくることを背景に、改善されない。

職場の上司に食事に誘われ、その後、性的暴行を受けた。上司が業務中にアニメの物真似をしてきて、同じアニメのキャラクターの物真似で返さないと怒られる。上司が業務中に女性の胸に手を突っ込んでまわる。「足腰立たんようにしてやろうか」と怒鳴りつけられる。入院しているのに「働きに来い」と言われた。いじめが恒常化しており、毎年自殺者が出ている。上司が宗教にしつこく勧誘してくる。「死ね」「脳みそが腐っている」などの暴言を言われたり、レンチを投げつけられたりする。殴られて骨折した。売り上げが低いと会社から年間で数百万円の罰金を科せられる。

これらは笑い話のように思えるかもしれないが、実際に被害を受けている当事者にとっては恐怖以外のなにものでもない。次に何をされるのかわからないという恐怖心と闘いながら毎日出社しなければならないからだ。

また、職場のサービスが著しく劣化している場合もある。過剰な長時間労働もその遠因となっているが、職場全体で人権感覚が低下していると感じ、辞めざるを得なかったケースがある。

たとえば、保育現場や教育現場における児童虐待、介護現場における事故の多発や高齢者虐待などである（こうした事例については、第6章で詳しく述べる）。入会金を集めることだけに執心し、ろくに講師陣の研修も行わないまま程度の低い授業を行う英会話教室や、詐欺の片棒を担がされているのではないかという営業の仕事もある。こうした職場ではやりがいを感じることは難しく、当然働き続けることも難しい。

第4章　ブラック企業の辞めさせる「技術」

第3章で見て来たような「ブラック企業のパターン」の中でも、とりわけ相談が多いのが、離職に関連するものだ。ブラック企業は大量採用と大量の離職（解雇）を繰り返すわけだが、離職（解雇）には法的なリスクが伴う。そこで、この法的リスクをヘッジする「技術」が次々に開発され、洗練されているのである。第4章では、ブラック企業が若者を辞めさせるときの、高度な「技術」を見ていこう。

■退職、辞職、解雇はどう違うか――労働法から

解雇の法的なリスクヘッジを紹介するために、まず解雇・離職に伴う法的な枠組みを簡単に説明しておく必要がある。そもそも、雇用契約の終了には退職、辞職、解雇の3つのパターンがあり、これらはそれぞれ法律上区別されている。退職は、合意による契約の解約、辞職は労働者からの一方的な解約、解雇は使用者からの一方的な解約である。

一度結んだ労働契約を解除するためには、基本的に両者が合意して解約する必要がある。通常の契約と同じで、一度結んだ約束を当事者のどちらか一方が破棄しようとすれば、法的なトラブルになるのは必至であり、通常は両者が合意して契約を終わらせる。労働契約の場合にも同じで、この合意による解約のことを退職という。退職は、どちらが申し出て

退職・辞職・解雇はこう違う

離職形態		離職の経過	法規制
退職	会社都合退職	使用者から申し出た合意解約	無規制。若干の訴訟リスク
	自己都合退職	労働者から申し出た合意解約	無規制。雇用保険上、労働者への制裁
辞職		労働者からの一方的解約	無規制
解雇		使用者からの一方的解約	強い規制

も良い。使用者が申し出ると、退職勧奨となり、労働者が申し出ると退職願となる。これを相手方が了承すると、合意解約が成立する。退職には本来的には紛争の要素はない。なぜなら、円満に意思が合致しているはずだからだ。

逆に、辞職や解雇は紛争含みだ。辞職の場合には契約を、労働者の側が一方的に解除しようとする。退職願は相手の同意を請うているのに対し、辞職届は一方的に提出され、相手の同意を待たずに法的な効力を持つ。こうした辞職には、2週間前に申し出ることを除いて基本的に法的な制限は設けられていない。労働者には憲法で定められた職業選択の自由があり、これを制限してしまうと、奴隷労働になってしまうからだ。

また、解雇は使用者からの一方的な解約を意味するが、こちらには法的に強い制約が課されている。一度結んだ労働契約は、使用者の側からは安易に解約できないのだ。労働契約法には「解雇は、客観的に合理的な理由を欠き、社会通念上相当であると認められない場合は、その権利を濫用したものとして、無効とする」と明記されている。また、労働基準法では、労働災害や出産などのほか、差別を理由とした解雇が禁止されているほか、1ヶ月前の予告または1ヶ月分の給与に当たる解雇予告手当の支払いが義務付けられている。

ここで特に問題となるのは、労働契約法で求められている「合理的な理由」とは何かということである。法的には、いくつかのパターンにはまった場合にしか有効な解雇とはみなされない。紙幅の関係で詳述はできないが、それぞれのパターンを簡潔に確認しておこう。

合理的理由のパターンは①普通解雇（労働能力）、②整理解雇（経営上の必要）、③懲戒解雇（労働者の行為）の3つの場合に類型化される。普通解雇の場合は疾病や勤務成績、労働者の適性などを問題とする場合であるが、会社側のさまざまな努力にもかかわらず改善の可能性がないような場合にしか認められない、極めて厳しい規制がなされている。また、整理解雇の場合には、（1）解雇の経営上高度な必要性（企業全体の赤字など）、（2）解雇回避努力、（3）人選の合理性、（4）労働組合・当事者との協議、の4要件が求められており、これも極めて厳しい規制が課されているといってよいだろう。さらに、懲戒解雇の場合にも、適用される場合が就業規則に明記されていることや、その内容の合理性と、厳格な適用が求められている。

■「解雇」せずに辞めさせたい理由

この解雇に対する規制こそが、使用者にとっては法的なリスクなのである。もし解雇が権利の濫用であると判断されれば、解雇を争っていた期間の賃金を支払ったうえ、職場復帰を実現する義務が生じる。もしどうしても職場に戻したくなければ、損害賠償を支払うなどして解決を図るしかない。

ブラック企業はまず、そのほとんどが好業績であり、新卒を大量に採用するということは、拡大基調にある。したがって、（1）経営上の必要性があるような企業はほとんど存在しない。また、大量に採用し続ける限り、（2）解雇の回避努力は一切払っていないということになる。「辞めさせるなら、採用するな」というのが当たり前のルールなのである。この2つがもっとも重要な基準なので、まず整理解雇が認められることはありえない。実際、ブラック企業に関する相談では、新卒が集団で退職強要を受けている場合、ホームページを見ると、次の4月に大量に募集をかけているのが常態になっている。先の第1章で見たＩＴ企業Ｙ社の場合にも、大量に辞めさせられている一方で、毎年２００人というペースで採用活動を行っていた。したがって、絶対に合法的な整理解雇はできないのだ。

能力を理由とする普通解雇にしても、将来にわたる教育可能性などが総合的に判断されるため、そう容易に裁判で勝てることはない。まして、新卒の場合にはこれに加えて厳しい評価が与えられることになる。新卒の場合には、採用して数ヶ月や1年という短い単位で将来にわたる労働能力の開発の可能性を測ることは不可能なうえ、彼らにとって最初の就職先は人生を決める重要な機会であるため、少し使ってみて気に入らないからと解雇されてしまうのでは、新卒の側の不利益が大きすぎる。これで、二度と新卒としては就職活動をすることはできない。実際、新卒採用された企業から、1年もたたずに解雇されてしまっては、次の正社員での採用はかなり厳しい。非正規雇用やアルバイトで就労しなければならなくなる可能性も高い。

だからこそ、新卒の解雇を安易に認めてしまうことで若者の将来展望が奪われることを防止し、一度だけの「新卒」の機会を社会が適切に守ることを、法律は求めている。新卒を採用する企業には、それなりの社会的な責任が求められるのである。

このように、新卒の大量解雇が法的には絶対に不可能だからこそ、解雇せずに辞めさせる「技術」が必要になる。

以上の説明が、あくまでも「解雇」によって辞めさせる場合だということに留意していただきたい。冒頭に述べたように、労働契約を終わらせるには、このほかにも辞職と退職があるのである。そして、辞職と退職には法的な規制は一切かかっていない。そうであれば、自ら一方的な解約＝解雇をするのではなく、新卒に「同意」をとって、あるいは「自分から」辞めさせればよい。退職や辞職の形式にすれば、解雇とはならず、法的なリスクは完全にヘッジできる。

恐るべきは、ブラック企業が「退職」の形式を手に入れるために、若者を意図的に鬱病に罹患せしめるという事実である。

■意図的に鬱病に罹患させる

そもそも解雇を避ける退職勧奨は以前から行われてきた。歴史的には1990年代後半と2000年代初頭の大規模なリストラで、「早期退職」という言葉が用いられたことが記憶に新しい。早期退職に当たっては、退職者に好条件が提示された。退職金の上積みなどの特典を条件に退職を促した。退職勧奨とは、相手方である労働者の同意を取り付けるものだから、こうした交渉が行われるのは当然のことである。

しかし、ブラック企業の行う退職勧奨は、これとは全く異なる。退職の特典などという甘い話ではない。第3章でみたように、いじめ、嫌がらせ、パワーハラスメントによって、自ら辞めるように仕向けていく。本来、退職勧奨はしつこく行ったり、やり方が暴力的であったりする場合、同意を求める「勧奨」とはみなされずに、退職強要であるとされる。退職の強要に至った場合には、たとえ「同意」の形式をとったとしても、それは無効であるし、損害賠償の請求も可能だ。

ブラック企業はここまで熟知して、ただ退職を求めるのではなく、自己都合退職を自ら行うように追い込むのである。これによって、退職を要求したという形式すら失われ、訴訟のリスクを極限まで引き下げることができる。このため、統計上は、早期離職した若者のほとんどが自己都合退職扱いとなっている。その上、第3章でみたように、自己都合退職に至ってしまった若者は、雇用保険上「自分から辞めた者」として社会的制裁を与えられることになる。

自己都合退職への追い込みは、こうした事情から、「辞めろ」という退職強要によって行われるばかりではない。むしろ多いのは、直接「辞めろ」とは言わずに「自分から辞めるしかない」状態へと追い込むことである。絶対にこなすことができないノルマを課し、これができない場合に「能力不足」を執拗に叱責するなどである。第1章や第3章でみたとおりだ。これらはあたかも仕事上の命令や訓練の一環であるかのように偽装しながら、若者を追いこんでいく。

そして、ひとたび鬱状態になれば、「辞めた方がいいのではないか」という「アドバイス」も親切なものに聞こえてくる。苦しい状況から一刻も早く脱するために、「自己都合退職」の書類にサインする。少しは冷静さの残っている者は、ここで「自己都合退職」の書類であることに一抹の不安を覚え、相談に訪れる。だが、ほとんどの場合、雇用保険の不安を訴えるだけで、会社への疑念などは持っていない。新卒であるがゆえに、会社の対応の異常さにも気づきにくく、鬱病になるまで追い込まれてしまいがちである。

もちろん、こうしたハラスメント自体は違法行為である。法的には、命令や訓練の真の目的がハラスメントであれば、当然権利の濫用となるし、もし命令や訓練の目的が本当の営業目的だったとしても、そのやり方が過剰であれば、違法になりえる。前者については立証が難しいため、実際には後者に焦点が当てられる。特に、業務と関係のない人格を傷つけるような発言は、いかに叱責とはいえ認められない。だが、多くの場合には、職場での圧倒的な力の格差と恐怖によって、会社を訴えることなどできない。ほとんどの場合、自分から辞めてしまうのだ。また、鬱病に罹患した場合も、その責任を争うことなどできない。

■「民事的殺人」――権利を行使できないまでに壊される

さらに、これらの手法がひどくなると、「民事的殺人」と呼びうる状況にまで至る。「民事的殺人」とは、被害者が権利行使の主体としてはあたかも「殺され」てしまっているかのような状態である。職場のことを思い出すだけで、過呼吸になる、涙が止まらなくなる、声が出せなくなる。徹底的に追いつめられた恐怖の経験が、彼らから法的な権利の主体であることを奪い去る。ブラック企業の側からすれば、この状態こそが、「完全にリスクをヘッジした状態」なのである。

実は、私たちに寄せられる相談の一定部分が本人ではなく、両親や恋人など家族や身の周りの方からのものである。当人が精神的に追いつめられている中で、家族が異変を察知し、相談を寄せるということが、増加してきている。

私たちがこの問題を認識したのも、被害者の母親からの相談がきっかけだった。「息子のことで相談がある」と連絡をとってきたのだ。誰もが名前を知っている家電量販店で働いていた息子が、勤務中に救急車で病院に運び込まれたという。どうやら過呼吸が原因だったようで、医師の診断で重い鬱病だとわかった。職場の状況を聞いていた母親は日常的な上司からの暴言に原因があると察し、会社に事情を聞くのだが、上司は「ふざけていただけ」と誠実な対応をしない。困惑と憤りを抱え、POSSEを訪れたのだった。

高卒で一流企業に正社員採用された若者が、たった2年で壊されてしまった。私たちは何とかサポートしようと思ったが、困ったことにパワハラの記録は何も残っていない。何より、本人は当時の状況を思い出すだけで意識を失ってしまうような状況で、何があったのかすらわからない。弁護士や労組とも協力したが、結局手出しすることができなかった。当人が昔を思い出すことも、話すこともできない状態では、裁判も団体交渉もしようがない。

人間の破壊が極限まで進むと、権利行使の主体となりえないほど完全に破壊されてしまうのである。

ブラック企業がこれを行う動機は、第3章のパターン分類で見た、「選別」の場合もあれば、「使い捨て」の場合もある。徹底的に使い、不要になった時点で鬱病に追い込む対象とみなすといった具合である。さらに、「無秩序」の場合には、上司が気に入らない部下を意図的に鬱病にして辞めさせるケースもよくある。

私の相談実感では、新卒に対するこうした行為が広がったのは、2008年のリーマンショックを境にしてである。それ以降、内定切りや派遣切りが問題になっている一方で、入社したばかりの社員に対しては容赦のないいじめ、パワーハラスメントが吹き荒れた。彼らは誰にも問題とはわからない方法で、すなわち「自己都合退職」という形で、ひっそりと解雇されていたのである。それ以前からも存在した、辞めさせる手法としての鬱病化が、新卒の、しかも入社1年に満たない社員に対して大々的に用いられるようになったのは、明らかに新しいできごとだった。

しかし、第Ⅱ部でも述べるように、社会の側は、これを若者が会社をすぐ辞めてしまう問題、として取り上げた。つまり、「自己都合」という形式を額面通りにとって、若者のほうがわがままになった、としたのだ。

■辞めさせる「技術」が高度になってきた

これら解雇ではなく辞めさせるための「技術」は、企業ごとに発達してきている。労働相談の中からは、こうした技術をいくつかに分類できることが見えてきた。

まず、個別面談で抽象的な「目標管理」を行い、自己反省を繰り返させる①**「カウンセリング方式」**がある。これは、カウンセリングを通じて自己の内面を否定させ、自ら退職に追い込む手法である。例えば、業績の上がらない理由を本人の適性、育った環境、これまでの「怠惰な人生」などを反芻させながら考察させる。これによって、仕事で起きている「問題」を解決不能の自分自身の本質的な問題だと「認識」させていくのだ。たとえば、「お前は子供のころから怠けていた」「親に甘やかされて育った」「他人に対して感謝の気持ちがない」、だから仕事で成果がでないのだ、という具合である。本人は自分がしだいに雇用されるに値しない無能な存在だと「認識」していく。第1章のY社がこの手法の代表格だ。

次に、「みなし社員」「準社員」「試用期間」など、辞めることを前提とした呼称を設けることで、自分から辞める決意を促す方式として、②**「特殊な待遇の付与」**がある。この場合には、例えば「退職かみなし社員かを選びなさい」といった選択が迫られる。大概の若者は突然の申し出に冷静に判断できない。特殊な待遇には、「辞めるための役職で、本来存在しない」などとされる場合もあれば、「正社員としてやっていくための最後のチャンスだけど、いったん非正規雇用になってもらう」など、さまざまな方法がある。ひとたび「辞めるはずの正社員」になると、会社の中では「村八分」の扱いを受ける。それは社員の集まりへ参加させない、会議から外すなど、組織的に徹底される。また、非正規雇用の場合には「準社員」とされる場合から「アルバイト」扱いになることもある。「待遇」の名称もまちまちである。

法的には、待遇の変更は会社からの一方的な契約解除である「解雇」の通告と同じ効果を持つのであるが、労働者の目にはあたかも「自分の選択」であるように事態が転倒してしまう。「まだこの会社にいるべきかを判断するのは自分」「最後のチャンスに挑戦しなければ、自分の責任になるのではないか」といった具合である。その結果、解雇が法的な問題になることを知っている労働者でも、「自己責任による選択」のように感じてしまい、自分から辞めてしまうのである。これは、一種の心理的トリックを用いた洗練された手法であるといえよう。

さらに、過剰なノルマを課すケースである③**「ノルマと選択」**の手法がある。ノルマについては明確な規制はなく、どこまでが「適正」であるのかは、労働者や使用者はおろか、法的、社会的にも不明確である。そのため、この場合もノルマの達成・非達成は労働者の能力や業務方法の選択の問題に落とし込まれ、結果、自己都合退職に追い込まれてしまう。研修や改善させるための「再教育」を形式的にだけ行って、「能力がない」ことの根拠とする場合もある。もちろん、ノルマのすべてが退職を促すわけではない。ノルマを課す職場の中には、真に若手労働者の成長を望んでの場合もあるだろう。だが、会社がなぜそのノルマを課しているのかは、働く者にはわからないのである。もし「育てるため」ではない、「辞めさせるため」のノルマだとしたら、そのノルマを真剣にこなそうとすることで、自らの精神を病んでしまい、次の転職にも響くかもしれない。であれば、いっそ辞めてしまった方がよいという判断もありえてしまうのが現実なのだ。

■「ソフトな退職強要」という進化形

辞めさせる「技術」には、これらのほかにも、さまざまな亜種・変種が存在する。彼らは心理的、法的さまざまな知識を用いて、日々技術を進歩、変化させている。最近の事案でもっとも重要な傾向は、上記のそれぞれの方法が「ソフト」に行われるようになっていることだ。

「ソフト」に辞めさせることで、「民事的殺人」よりもさらに、安全に法の網の目をかいくぐることができる。実は、NPOやユニオンなどの相談活動によって上記のようなハラスメントに一定の歯止めがかかっている。職場のパワーハラスメントに対しては、発言を録音し、状況を記録することによって、損害賠償などを求めることができる。NPOやユニオンに相談に訪れた人々がそうした方法で記録を残して、裁判や団体交渉の場で、少なくない実践例が闘われてきた。こうして、あまり過激な方法で自己都合退職に追い込もうとすると、労働相談に駆け込まれて、問題になってしまうかもしれないという認識がブラック企業の間にも広がってきた。

その結果、今度はそうした損害賠償を請求されないような方法で、ハラスメントを行う企業が現れ始めたのである。それは「ソフトな退職強要」と呼ぶべき方法だ。

ソフトな退職強要では、あからさまなハラスメント行為は行われず、ただひたすら会社に「居づらくなる」ような方法をとる。例えば、挨拶に返事をしないというのがその典型だ。そのほかにも、例えば、「どうしたいの?」と定期的に言われ続けるという相談もあった。これだけだとハラスメントだとはわからないだろう。だが、「どうしたいの?」という言葉は、会社に居続けることができないような雰囲気とプレッシャーを与えるために用いられている。そして実際、本人はこのまま会社に残ることはできず、辞めるしかないと思っているのである。

また、「能力が低いから、他の道を考えた方があなたのためだ」「この仕事に向いていないと思う。あなたのためにも他に合った仕事を見つけた方がいいのでは」「仕事ができないなら、違う仕事を紹介できるけど」、さらには「わたしだったら採らない」と言われるケースも見られた。さらに、仕事を与えられない、自分で仕事を見つけてきても「一切評価しない」と言われたとの相談もあった。これらの場合には実質的には「辞めた方が良いのでは」と退職を促しているが、直接的な強要ではなく、上司らが退職を「求めている」というニュアンスを伝え続けることで、職場に居続けることを難しくする。

上記のようなケースにおいて事態の改善を図ろうとした場合、そもそもハラスメントとしての証拠の保存が困難であり、また仮に証明できたとしても違法であるとの判断を得るのは難しい。そのため、行政機関、弁護士、労働組合などいずれの機関を利用して解決を図ろうとしたとしても、多くの場合、使用者が退職勧奨・強要にともなうハラスメント行為の強度を強めてくるか、解雇に踏み切ってくるまで待たざるを得ないということになる。

したがって、労働者の職場環境を悪化させ、健康を蝕む事態があるにもかかわらず、解決をはかろうにも動き出しまでの待機時間が長く、それまでの間に鬱病を発症、悪化させてしまうおそれがあり、そして結局、問題を解決することはおろか、本人の健康をより害することになってしまうというジレンマに陥ってしまう。ハラスメントを受けつつ耐え続ける側としては、精神的な負荷は相手の一つ一つの行為の積み重ねによって累積していく。その結果として自ら退職せざるを得ない状況に追い込まれてしまうのである（次ページ、図1参照）。

この新しい「技術」に対しては、現在弁護士等と対処方法を検討しているが、労使関係の抜本的な変化なしに、法律と裁判だけで問題にするのには、相当の限界がある。もしこれをただそうとすれば、労働組合が職場内部のさまざまな苦情に本格的に対応するという方法しかないだろう。

このように、辞めさせる「技術」は、法の網の目をかいくぐり、批判の目をすり抜け、日々進化している。このいたちごっこはこれからも続いていくことだろう。

■磨き抜かれた「辞めさせる技術」に対抗するには

解雇の法的な側面について説明したとおり、従来は新卒の解雇はきわめて難しいものだった。ところが、これらの「技術」が発達してきた結果、もはや新卒を辞めさせることも、

図1：ソフトな退職強要のイメージ

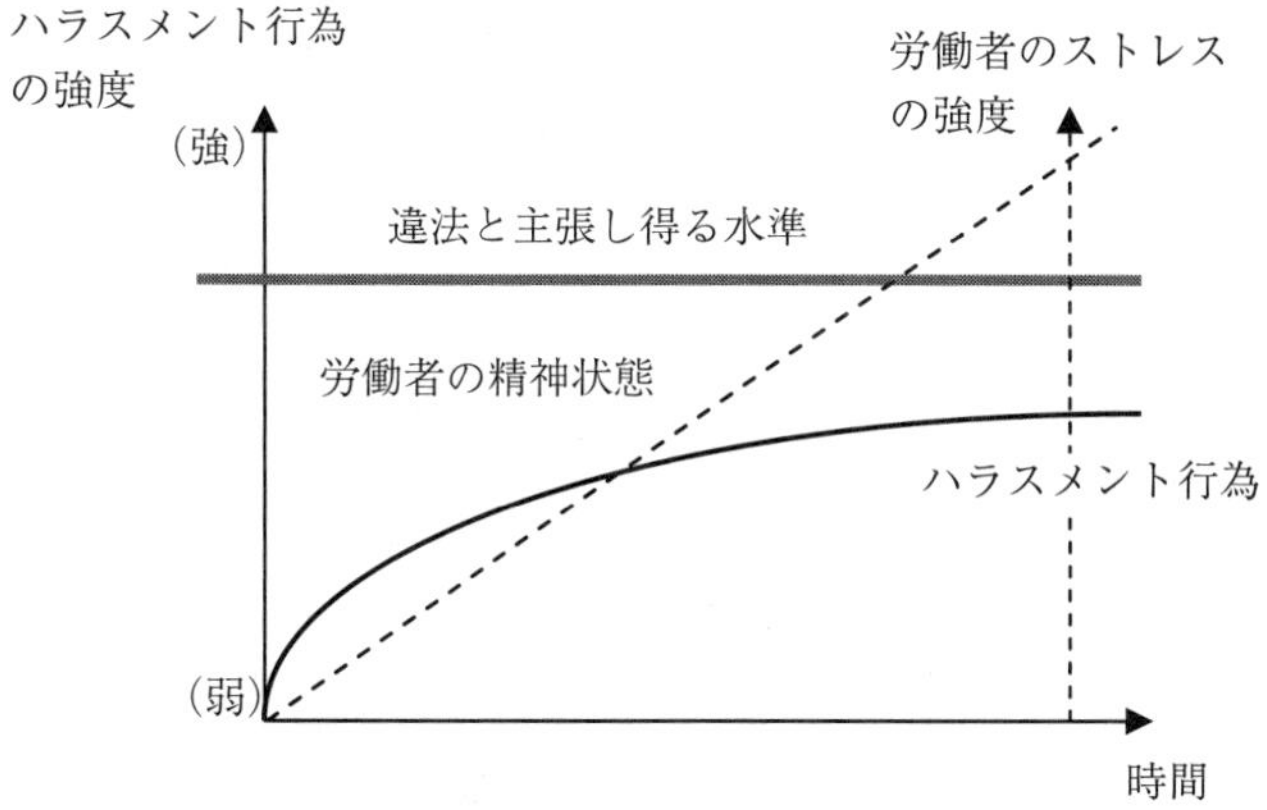

特段には問題とならなくなりつつある。

今年、2012年6月には、たった2ヶ月で解雇されたという新卒からの相談が複数件、大企業に関して寄せられた。これまでの6年余りの相談経験の中でも、新卒を、大企業が、たった2ヶ月で退職に追い込むというのははじめてのケースだった。もはや、ブラック企業にとって、「新卒の価値」は特別なものではない。それどころか、掃いて捨てるほどいる無価値な存在にすぎないのだ。

かれらは社会的な配慮でも、新卒や若者への情けでも動かない。ブラック企業にとって重要なことは、自社の利益を上げることだけである。そのためならば、いかに反社会的であろうと、自社のリスクを最小化し、利益を最大化させる方法を最大限に追求する。こうして現れたのが「辞めさせる技術」なのであり、これがいかに非道なものであっても、彼らにとって「合理的」である以上は進化し続ける。

ブラック企業の用いる「技術」とは、彼らにとっては全く「合理的」な経営戦略の一部なのである。

だからこそ、若者も、「戦略的」に行動する必要がある。ブラック企業が磨きぬいてきた「技術」に対抗するためには、自分たち自身が対抗する「技術」を持ち、戦略的に行動するしかないのである。

第5章　ブラック企業から身を守る

■「戦略的思考」をせよ！

ここまで第I部を通じて、ブラック企業が個人としての若者に対して、どのような害悪をもたらすのかを見てきた。被害の深刻さと広がりを、読み取っていただけたことと思う。だが、世の中を見渡すと、なぜか、ブラック企業を批判する若者は「甘い」という論調が目立つ。いわく、「ブラック企業に入ったのは自己責任」「ブラック企業とかいわずにがんばっている人もいる」「ブラック企業なんていっているのは、甘い人だ」などである。

しかし、ここまでの章で見たように、ブラック企業は冷徹無比に新卒を食い物にしようとしている。私からすると、「ブラック企業でも我慢しろ」という言説のほうがよっぽど「甘い」。ブラック企業が開発した新しい「技術」に対しては、自らも厳しく思考し、戦略を持って臨む必要がある。

第4章で述べたように、辞めさせるためのパワーハラスメントや業務命令が行われている場合には、どんなに耐えても先はない。耐え続けたとしても、結局は、鬱病にかかりキャリアを台無しにされてしまう。また、果てしのない低賃金・長時間労働は、即座にではなくても、年々に心身を蝕み、働き続けることをできなくさせる。そして結局は、仕事上のキャリアも、結婚・出産・子育て・介護といった私生活のライフプランも打ち砕かれてしまうだろう。

こうした結果、会社と距離をとる「ほどほどの付き合い方」が日本でも現実味を帯びてきている。努力に応じて年功賃金や終身雇用が手に入るわけではない。相手はそうした「期待」を逆手にとって、極限までの利益追求を「戦略的」に行う。そこには同情など入り込む余地はない。どんなにがんばって尽くしても報われないのであれば、距離をとって冷静に付き合うしかないのだ。「ブラック企業の時代」以後は、会社への冷めた見方が、冷静で現実的な考え方になるであろう。

こうした考え方の第一の帰結は、耐えるよりも辞めてしまったほうが合理的であるというものだ。確かに、鬱病にされてしまうよりも、辞めてしまったほうがましであることは間違いない。一たび鬱病に罹患してしまうと、回復は容易ではないからだ。

だが、実は辞める以外にもう一つの選択肢がある。それは、積極的にブラック企業と争うという道だ。黙っていても将来がないのであれば、争って自分の権利を勝ち取る、あるいは争って会社のあり方そのものを変える。これも、現状では先がないゆえに迫られる、きわめて合理的な選択肢である。

いずれにせよ、ブラック企業に入社してしまってからは、鬱病になる前に、辞めるか争うかを選択するしかない。そこには「我慢していれば報われる」などというウェットな感情の入り込む余地はない。そしてもしも、ただ我慢しろというだけならば、それは思考停止だというほかない。必要なのは、冷徹なまでの「戦略的思考」なのである。

■鬱病になるまえに、五つの思考・行動を

そこで本章では、ブラック企業と対峙するための基本的な考え方を示しておこう。すなわちそれは、鬱病になる前に、まさに戦略的に思考する方法である。実際には、鬱病になるまで追い詰められてから相談に来る方が非常に多いが、そうなる前に相談に来ていただいたほうが、格段に解決しやすい。だから鬱病に陥る前に、まずは戦略的思考を身に付けておいていただきたい。

戦略的思考の**第一は、「自分が悪いと思わない」**ことに尽きる。「自分が悪い」と思ってしまっていると、合理的に物事を思考することができない。第3章や第4章で見てきたように、そのような状態に若者をはめこむことこそが、相手の戦略なのである。だから、そうした戦略にはまってしまってはいけない。「自分が悪い」と思わされそうになったら、

「これは相手の戦略だ」と冷静に思考し、絶対に「自分が悪い」と思い込まないようにすることである。これだけでだいぶ鬱病のリスクは減少する。

第二に、「会社のいうことは疑ってかかれ」。繰り返しになるが、会社の側は善悪にかかわりなく、戦略的にあなたに向かってくる。それは「良い」とか「悪い」とかではなく、利益を至上のものとする企業活動であれば当然のことである。その中で、ブラック企業は若者を使いつぶす戦略を持って、向かってくるのだ。

したがって、自分の身を守るためには、とにかく「疑ってかかる」目線が必要になる。第1章のY社の事例では、度重なるカウンセリングとハラスメントによって鬱病に至っていたが、彼らにハラスメントを繰り返していた上司は、実は「慕われていた」。ハラスメントが続く日々の中、ある日の休み時間にキャッチボールに付き合ってくれた、というのがその理由だ。不満が会社に向かわないように、一瞬「やさしく」接する。これも戦略の内だったわけだ。あるいは、X社は休職を通じて円満退職へと持ち込もうとする。これらの事例が示すように、相手は徹底的に戦略的に来る。これを肝に銘じて、決して油断しないこと。

さらにいうと、こうした**ブラック企業と同じ戦略は、原理的にはすべての企業が採り得**

る。あるときまではホワイトだった企業が、人事コンサルタントを導入したとたんに変化することもある。経営の悪化や企業戦略の変化、経営陣の変化にも影響されよう。法律の網の目をかいくぐるブラック企業の戦術は、他の企業もいつでも「使える」方法論なのである。だからこそ、すべての人が安心してはいけない。「疑ってかかる」必要がある。「自分の会社は大丈夫」だと思う人がいれば、それは「おめでたい考え」だ。企業は企業の論理があり、いつでも行動を転じられる。これからの時代は、ただ会社を信用するだけの「お人好し」では生き残れない。

だが、このように書くと、「疑う」ばかりでは仕事も成長もできないと考える方もいるだろう。私もそれにまったく賛成である。仕事のモチベーションの向上は社会の生産性において決定的に重要だし、疑ってばかりでは効率が悪い。だが、こうしたモチベーションは、安定した会社との信頼関係の上にこそ築けるものだということを忘れてはならない。ブラック企業がいつ自分に牙をむくかわからない状態では、「疑う」ことが次善策とならざるを得ないのだ。この状態の解決については、ぜひ本書の後半をご覧いただきたい。

第三の考え方は、「簡単に諦めない」ことである。諦めてしまっては、どんな権利も実現しない。ブラック企業の「やり得」である。彼らはあなたが諦めることを狙っている。

ブラック企業の「技術」の真骨頂は、若者の心を折ることにこそ、ある。

先ほどの「やさしさ」もそうであるが、カウンセリングや、「もう一度挑戦してみよう」などという言葉は、これらを通じて最終的に「諦める」ように仕向ける心理的トリックである。カウンセリングで自分の「悪いところ」を発見し、諦める。「もう一度挑戦して」だめだったから諦める。これらはすべて仕組まれた、相手の戦略なのである。だから、決して諦めてはいけない。自分自身の権利の行使、正義の主張は、諦めない限り、いつまでも可能だ。だからこそ、ブラック企業は「民事的殺人」に至らしめるハラスメントを行う。権利や手段、要は「やりよう」があるからこそ、心理的にそれをつぶそうとかかるのである。

ただし、先ほども書いたように、争うだけが選択肢ではない。もし争うことが難しいようならば、「辞める」ことも選択肢である。まずは鬱病にかからないこと、自分の健康を守ることが最善であることは、いうまでもない。

第四の考え方は、「労働法を活用せよ」である。これまで何度も述べてきたように、ブラック企業と対峙するときには、とかく「自分が悪い」と思いがちである。これに対して戦略的に、簡単に諦めず思考するためにもう一つ大事なことは「法律」の観点から考えることだ。

まず、残業代不払いのように、ブラック企業が明白に違法なことをしている場合は、社会の常識、ルール、マナーとして、守るのが当然のことである以上、違法行為を是正させることも、社会人として当然の行為だといえる。まともな企業は立派にルールを守って競争しているのに、違法企業は「ずる」をして利益を上げ、場合によってはまじめな企業の利益を不当に圧迫している。したがって、逆に違法行為を見て見ぬふりをして「我慢」するほうが、市民としてはよっぽど不道徳だ。誠実な企業を応援するためにも、どんどん違法企業は取り締るべきである。

このように、法的な視点、すなわち社会の公正なルールを守るという視点に立つと、とたんに社会の見え方が変わる。労働者が違法行為を我慢することに社会的合理性はまったくない。しかも、法的な権利の行使はかならず自分自身の利益ともなるのだ。

さらに、もう一つ。法的な権利の存否は「争ってみてはじめて決まる」ということも重要だ。市民社会においては、争ってみてはじめて「正しさ」が決まるのであって、はじめから決まっているわけではない。右に記したのはルールが明確な部分、つまり過去にさんざん争われてきたものについて当てはまる話だ。逆にいうと、争ってみることなしに「ルール」は形成されない。これは民主社会の原理でもある。だから、もしあいまいで、本当に自分が正しいのか分からない場合があれば、まずは争ってみるのが良い。それが法的な考え方としても理にかなっているのである。

第五の考え方は、「専門家を活用せよ」だ。いかに冷静に、戦略的に考えたとしても、自分自身が労働紛争の専門家というわけではない。だとすれば、合理的な選択を勝ち取るためにも、専門家の力を借りるのは絶対条件だ。また、争わずに辞める場合にも、後々どんな権利行使が可能となるのかを相談しておくのもよい。ユニオンやNPOであれば、相談者を支え、争うこと自体の精神的負担も軽くしてくれるだろう。

だが、ここで注意する必要がある。「専門家」の中には、中立ではなく使用者側の立場に立っている者や、知識や気概が十分ではない者も多数いる。戦略的に権利行使を狙うのであれば、確実に労働者側の「専門家」に意見を求めることが必要になる。

労働者側の専門家と使用者側の専門家をそれぞれ表にしておこう（次ページ、表参照）。よく会社側の社労士や産業医に、まったくでたらめの話を聞かされて諦めてしまう事例がある。使用者側の「専門家」のいうことは、特に疑ってかかる必要がある。

後でも詳しく述べるが、実はブラック企業の発生を支えている立役者に、「ブラック士

専門家も立場によって異なる

使用者側	労働者側	備考
弁護士	労働弁護士	労働弁護団所属の弁護士に相談するのが確実。
企業別組合	個人加盟ユニオン	企業別組合ではなく、企業外部のユニオンに相談するのが良い。ただし、ユニオンの方針や得意分野、解決能力はまちまちであるので、あらかじめNPOなどに相談するとなお良い。
社会保険労務士 産業医	労働基準監督署	ただし、総合相談コーナーは監督官ではなく、アルバイトの社労士等が行っている。また、労基署だけで解決できる案件は少ない。
	都道府県の相談窓口	職員の対応能力にばらつきがある。争った場合の解決水準が低い。
	労働NPO	総合的な情報が得られるが、本格的に争う場合には、労組や弁護士の紹介を受けることになる。

業」とも呼ぶべき怪しい稼業が存在する。弁護士や社会保険労務士の肩書きを武器に、違法行為を正当化し、場合によっては脅迫文などを送りつけてくる輩である。だが相手の肩書きに怖気づいてはいけない。相手は、使用者の戦略を担う専門家なのだから、こちらも、労働者側の専門家に相談すればよいのである。

弁護士であれば「日本労働弁護団」に所属する弁護士に相談するのが一番良い。一般的な弁護士は労働法を熟知していないし、場合によっては経営側の弁護士に当たってしまうかもしれない。

また、労働基準監督署や企業別組合に相談する場合には注意が必要である。企業別組合の多くは経営と一体になっているので、まったく権利を守ってくれないことも少なくない。さらに、労基署については利用の仕方を熟知していないと、追い返されたり、アルバイトの相談員（社労士など）から誤情報を与えられてしまうこともある。

■争う方法

専門家と相談したうえで、ブラック企業と争う方法は、**①個人的に交渉する、②行政を交えて交渉する、③労働組合に加入して交渉する、④裁判に訴える、**の4通りある。それそれみていこう。

まず、**①個人的に交渉**しても無駄である。会社の相談窓口や人事担当、社労士、産業医などに相談しても、基本的によい方向にいくことはない。多くの場合、加害当事者などへ情報が筒抜けになり、より立場が悪くなる。もちろん例外はあるだろうが、企業がまともに対応してくれるかどうかは、運を天に任せるようなものである。だから無防備に、戦略なしに、これらの窓口へ行ってはいけない。あらかじめ専門家に相談し、これらの個別の窓口を何らかの戦略で活用しようという結論に至った場合（あまりないだろうけれど）にだけ、活用する意義があるだろう。

②行政を交えて交渉した場合、行政からの指導や助言によって、会社の態度が変化して解決することが期待できる。だが、こうした場合の解決の水準は概して低い。また、交渉自体を相手が拒否した時や、指導を無視した時には行政には手出しができない。さらにいうなら、ブラック企業が行政の指導に従って改善する可能性は乏しいと言わざるを得ない。彼らは初めから戦略的に労働法の網の目をかいくぐろうとしているのだから、今更指導を受けたところでびくともしないだろう。そもそも交渉のテーブルにもつかないだろう。もし交渉が成立したとしても、解決はかなり低い水準にならざるを得ない。実際に、ブラック企業

が行政の指導を無視するのは常態なのだ。それでも、個人で交渉を持ちかけるよりはずっとよい。行政側から労組や裁判のための知識を提供してもらえることもあるし、指導が奏功する場合もある。

行政を利用する場合にもう一つ注意すべきことは、労働基準監督署へと告発する場合、専門的な知識がないとうまくいかないことが多いということだ。証拠の集め方や申告の仕方、いくつかある窓口のそれぞれの役割の違いなどを、あらかじめ労働NPOなどで説明を受けてからでないと、適切な活用は難しい。

③労働組合に加入して交渉する場合には、先ほどものべたように、企業別組合ではなく、個人加盟ユニオンに相談し、加入して交渉する必要がある。労組というと、学校の憲法の時間に習った程度の知識しかない方も多いかもしれないが、実はきわめて強い問題解決能力を有している。労組に加入して交渉する場合には、行政を交えた交渉とは異なり、会社は交渉を拒否することができない。労働組合法には「団体交渉応諾義務」が定められているからだ。また、会社が団体交渉に誠実に臨むように、「誠実交渉義務」も課されている。これらに企業が違反した場合は、行政による救済措置がとられることになる。

団体交渉では交渉のプロである労働組合のスタッフと、戦略的に相手の違法行為を追及する。事実関係を確認し、法的な論点を示し、改善や賠償を迫っていくのだ。もちろん、交渉の間も会社に所属する限り、さまざまな「嫌がらせ」の措置をとってくることもあるだろう。そうした場合にも、例えば労働組合としての権利である「ストライキ」で会社を休業したり、その嫌がらせ自体の証拠をつかんで、さらに交渉で相手を追いつめていくこともできる。

労働組合による団体交渉とは、まさに「戦略的思考」の極みだといってよい。私が話を伺った、あるユニオンの組合員の方の事例はとても興味深い。契約社員として、大企業の子会社に勤めていた方の事例である。違法行為を改善するために団体交渉を行った結果、逆に中枢の部署におくられ、「ソフトな退職強要」が始まった。業務を指示通りに遂行すると、必ずミスが発生して、それを責められる。わざと失敗させるのだ。そして、「給料泥棒」などと職場の中で暴言を投げかけられる。営業の仕事なので、客によっては「絶対できないこと」も要求されるが、これに応えられないと「要領が悪い」といって責められるというのだ。実際、この職場を去る人は、みんな解雇ではなく、自分から辞めていった。さらに追いつめる方法として、出勤制限を課したり、給与を半額にするなどあらゆることが行われた。この組合員自身、時給900円まで下げられ、出勤制限もかけられた。

通常であれば、これではメンタルを病んでしまう。ところが、彼はそうならなかった。こうした団体交渉後のハラスメントも、すべてメモして、戦略的に次の交渉の材料へとつなげていったのである。その結果、相手がひどいことをすればするほど、違法行為を追いつめることができるようになっていった。こうした日々の「戦略的思考」と実際の状況の改善によって、健全な職場をつくっていく。ただ先の見えない中で我慢するのではなく、「相手も戦略的ならこちらも戦略的に」と前向きになれるのだ。そのためにも、まずは交渉が可能になるような労働組合に加入することが前提となる。

一方、企業側からすると、個人加盟ユニオンは「得体の知れない存在」だと見られがちである。それは、企業内の労使関係に慣れすぎているからだ。だが、企業別労組は、ベースアップ（会社全体の賃上げ）では役割を果たしても、社内でハラスメント行為などが生じた場合にはほとんど力を発揮しない。ハラスメント行為の防止は、社員のモチベーション向上にとっても重要なはずだが、企業別組合による「自浄作用」は乏しいのである。そうした意味では、「得体の知れない」ユニオンこそが、もっとも厳しい「監査役」であると考えることができる。社内の違法行為やハラスメントの問題を、コンプライアンス改善のチャンスとし、健全な職場環境と高い生産性・モチベーションを作り出す好機とすればよいのである。

④裁判に訴えるには、理解のある弁護士についてもらうことに加え、かなりの費用と時間が必要になる。裁判制度を利用するためには、ＮＰＯやユニオンなどの支えが重要となってくるだろう。

最近では労働審判制度が整備され、本裁判を行わずに簡易に裁判官による法的な審理を受けられるようになった。労働審判は調停が成立した場合と審判について異議申立がない場合にのみ法的な拘束力をもつが、裁判官によって審理されるので、解決率は高い。しかも期日が短いために、比較的少ない費用・時間の負担ですむ。ただし、裁判にせよ労働審判にせよ、弁護士を雇う以上、一定の高額な案件でないと使いづらい点では同じである。

最後に、ここまでですでにいくつか出てきたように、どの方法をとるにしても、争う上では証拠が重要になる。専門家に相談することと併せて、とにかく証拠を蓄積することを心がけてほしい。職場でのハラスメントをＩＣレコーダーで録音する、細かくメモをとる、業務命令の内容や出勤・退勤の時間も記録する。こうしたことがのちのち争うときに、重要な役割を果たすことになる。

逆に、記録が残っていないと、第三者の証言から違法行為を立証するのは難しい。たとえば、ある日一人の社員が過労死してしまった場合、翌日には、会社側はその社員のデスクをすべて片づけ、書類やパソコンデータを破棄する。そして同僚にも箝口令《かんこうれい》を敷く。そうすると、遺族はいっさいの証拠を集められず、訴訟を断念してしまう。

仮に裁判に訴えたとしても、「同僚はちゃんと仕事をしている」「彼はもともと身体が弱かったのではないか」と企業側から主張されると、遺族は反論することが難しい。これは死んでしまったという最悪の想定だが、鬱病に罹患してしまった後で訴える場合もまったく同じである。証拠がなければ、会社の責任を問うことはできず、「勝手に鬱病になった」と扱われてしまうのだ。

■「選別」への対応

ここからは具体的なブラック企業のパターンに即して、対応方法を紹介していこう。

大量に採用したうえで、大量に辞めさせていく「選別」に際しては、第3章のパターン3「入社後も続くシューーカツ」とパターン4「戦略的パワハラ」が行われる。また、パターン2「『正社員』という偽装」も、「選別」との関係で問題となる。

これらに共通して、もっとも基本的な対応は「自己都合退職」を拒否することである。

彼らは第4章でみたように、自己都合退職に追い込みたいのであるから、これを認めてしまうと負け。何よりも、自己都合退職を認めない気概が必要である。

そして、パターン4「戦略的パワハラ」に現れているように、退職を拒否すれば、会社は強硬な手段に出ざるを得なくなる。もし解雇だということになれば、今の法律ではとても争いやすい形になる。もし解雇を避けようとハラスメントに至れば、今度はこれを記録すればよい。ハラスメントの場合、それ自体について訴訟を起こしたり、団体交渉を申し入れることができる。ひどいハラスメントの場合には、ハラスメントによって働き続けられなくなったこと全体の被害について、損害賠償を請求することもできるだろう。また、鬱病については労働災害保険を申請することで、給与や治療費を保障させることができるが、この場合も証拠の壁があるので、これを超える必要がある。

もちろん、鬱病の予防も重要である。ハラスメントが耐え難いときは、休職する、ストライキを打つなどの手段をとって鬱病にならないようにすることができる。そうした細かい戦術については専門家と相談の上で決めていくことが肝要だが、まずはこうした「方法」があることを念頭に、耐えずに戦略的に思考すべし、である。

次に、パターン2「『正社員』という偽装」。ここで問題となる試用期間の場合は、実は解雇ならそのまま裁判や団交で争える。試用期間の解雇の規制は、実は会社が思っているほどゆるくはない。試用期間とはいえ、基本的に正社員として採用しているのだから、これを後から反故《ほご》にするには、そうとう重大な能力上の欠陥が発見される必要があるし、もちろん欠陥が浮き彫りになるだけの訓練やチャンスを与えていることも必須条件だ。したがって、ブラック企業が行う「試用期間切り」はほとんどの場合、違法である。だから、この場合には「諦めない」ことが一番大切なのだ。

ここで特に気を付けなければならないのは、第4章でみたような「別の待遇（契約）でもう一度頑張らないか」といわれたときに、拒否すること。心理的トリックに騙されて契約を交わしてしまうと、一切の権利がなくなってしまう。だから、疑わしい交渉が持ちかけられたら、その時点ですぐに専門家に相談したほうが良い。間違っても、「自分が悪い」とか「最後のチャンスに挑戦しなければ」などと思い込まないで、冷静に、相手の戦略を探りつつ、こちらの戦略を練るのである。

さらに、相手が解雇も明確な違法行為もしてこない「ソフトな退職強要」の場合については、先ほど組合員の例を挙げたように、団体交渉で粘り強く解決に持ち込んでいく方法しかない。

パターン3「入社後も続くシューカツ」については、「ソフトな退職強要」と同様に、自分から辞めずに、会社の体質や労務管理の不正に対して正面から交渉していくことが重要だ。そのためには労働組合に加入しての交渉がもっとも効果的である。だが、もしそれだけの気概を持てないときには、鬱病になる前に辞めるか、ハラスメントについての損害賠償を請求する方向で、弁護士と相談するのが良いだろう。

■「使い捨て」への対応

「使い捨て」のパターンとしては、第3章のパターン5「残業代を払わない」、パターン6「異常な36協定と長時間労働」、パターン7「辞めさせない」がある。それぞれ法的な対応を簡潔に見ていこう。

パターン7「辞めさせない」については、労働者側には「辞める権利」があるということを覚えておいてほしい。会社の側は「損害賠償を請求する」など、さまざまな理屈を言ってくるかもしれないが、ほとんどは無意味な脅しに過ぎない。憲法には職業選択の自由が定められており、どの会社で働くのかは、労働者の自由なのである。もし辞めて損害賠償が請求されるケースがあるとしても、それはかなりレアなケースだと思ってよい。

パターン5の残業代に関しては、会社はさまざまな理由をつけて支払いを拒むことを見てきた。だが、労働基準法には賃金支払いの原則が定められており、そこには「全額払いの原則」が明記されている。会社が天引きしたり、懲罰と称して賃金を減らしたりすることは、原則として禁止されているのである。

もちろん、原則というからには例外もある。例えば「懲戒」の場合や、「裁量労働制」とか、「管理監督者」というもの。だが、これらの用語を細かく暗記する必要はない。「例外」にはきわめて厳しい制限がかけられており、ブラック企業は法律用語を巧みに扱うにもかかわらず、結局ほとんどこれらの法律を守っていないからだ。懲戒や裁量労働制はほとんどの場合、その要件を満たしていないし、そもそも行政に届けを出していない場合が多い。管理監督者の場合にも、ほとんどのケースが違法である。

だから、残業代が不払いの場合には、下手に自分で調べるよりも、とにかく「原則違反」だということを押さえて専門家に相談すればよい。生半可な知識では「諦める」ように、籠絡されてしまうかもしれない。会社のいうことを疑い、法律の原則があるのだ、という自信と、これを活かしていく戦略的思考をすることが何より大事である。

残業代の支払いでもっとも厄介なのは、「固定残業代」を持ち出された場合である。すでに見たように、この場合には、契約の基本給自体を引き下げて、残業代は払った形式にして、残業分を含みこんだ「基本給」を成立させる。だから、厳密には残業代の不払いにはならない、というわけだ。この場合、対応は二つに分かれる。一つは、契約の時に、基本給に残業代が含まれていることを明示していない場合。この場合は詐欺であるから、全額請求できる。訴訟に訴えるのでも、行政を交えるのでも、団体交渉でもやりやすいだろう。

だが、もし契約前に知らされていた場合には、契約そのものは成立してしまっているので、これを改めさせないと状況を変えられない。ここからが肝心なところ。契約の内容そのものをめぐって争うには、労働組合に加入して、その中身自体を変えるように交渉する方法しかない。ほとんどの人は、ブラック企業の違法行為を追及しても、ブラック企業そのものを変えるという発想がない。入ってしまったからと言ってあきらめずに、その体質を変えていくように戦略的に思考する。先ほど見た、労働組合に加入しての団交は、これを可能にするのである。団体交渉の積み重ねによって、長時間労働や過剰なノルマが精神疾患を引き起こしたり、生活を破壊する実状について、改めさせていく。これこそが、本当はもっとも「戦略的」な姿勢なのである。

パターン6「異常な36協定と長時間労働」についても同様である。現在の法律では、労働時間の長さや協定の内容そのものを争うことは難しい。事後的に病気になってしまったり、「死んでしまった後」ではじめて企業の責任を追及できるに過ぎない。だが、死んでしまってからでは遅いのである。

■逃げ続けてもブラック企業はなくならない

だから、本当に必要なことは、若者が鬱病にされたり殺されてしまったりする前にブラック企業の体質を改善することである。そのためには一人一人が戦略的思考を持ち、さらにはブラック企業そのものを変えていくために、労働法と団体交渉を利用すべきなのだ。

さきほどの、パターン7「辞めさせない」場合も、根本は同じである。もちろん、ほとんどの方はブラック企業など「辞めてしまいたい」と思って相談に来る。そして、辞める権利があるのはすでに述べたとおりだし、辞めるついでに残業代を請求するだけでも、一定程度はブラック企業にダメージを与えられるだろう。

だが、逃げ続けていても社会からブラック企業はなくならないし、ますます増えてきているのだから、逃げ場がなくなっていく。実際にブラック企業を転々としている方も大勢いる。だからこそ、本当は、ブラック企業という職場そのものを変えていくべきなのだ。

それこそが、もっとも合理的な「戦略的思考」ではないだろうか。

第6章　ブラック企業が日本を食い潰す

【第Ⅱ部　社会問題としてのブラック企業】

ここまでは、個人的被害の側面と、個人としてどのように対処すべきかを中心に、ブラック企業問題を見てきた。本書の後半では、個人的被害にとどまらない「社会問題」としてブラック企業問題を考えていく。そして、どのようにこの問題を解決すべきなのかも、合わせて提案していきたい。

ブラック企業問題とは、成長大企業による大量採用・大量解雇（離職）によって若者が使いつぶされるという問題である。だが、労働相談を受ける中では、一つ一つの事案が、ただ相談者本人の問題として深刻であるばかりではなく、日本社会の将来を考える上できわめて深刻な問題を含んでいることに気づかされる。

■第一の問題――若く有益な人材の使い潰し

ブラック企業の事例から見える第一の問題は、人材の使いつぶしである。第1章で見た衣料品販売大手X社は、グローバル企業を売り物にすることで、同業界では異例なほど就職活動市場で優位に立っていた。そして、大量に優秀な人材をかき集めていたのである。実際、聞き取りをした3名とも全国有数の上位校の出身であったし、他の大企業から内定を得ている者もいた。彼女らはエントリーシートで10社から30社程度しか応募しておらず、いわば就職活動における「上層」の学生であったと見ることができる。同時に、学生の側にもX社は「エリート企業」としての認識があり、最終面接では「7人に1人に絞るらしい」という情報が飛び交っていたという。

彼らがX社を志した理由は「有言実行の社風に惹かれた」などさまざまである。こうしたところにはマスメディアでの破格の扱いが学生の認識や行動を強く規定していることが窺われるが、より興味深いのは次の事柄である。すなわち、採用された学生の中には「グローバル人材」として採用され、自分の能力を活かし、更なる能力の開発に強い期待を寄せていた者もいたということだ。

しかし、実際には不合理な研修によって、ただ「従順である」ことが求められ、彼らは初職という重要な成長の機会をただ「摩耗する」ように費やさせられた。配属された店舗も多くの場合辺鄙《へんぴ》な田舎であり、無意味にマニュアルを手書きで複写させられ、過酷な長時間残業を命じられた。マニュアルの複写は、能力を高めるための訓練ではなく、会社への従属を高めることだけが狙いの「管理」であり、経済的な合理性は完全に無視されている。辺鄙な地域の店舗での勤務はそれ自体に問題があるわけではないが、問題は、「グローバル人材」として募集し、その中で彼らの尊厳や自主性をすり潰しながらX社の管理に服するものだけを選別するという手法にある。この過程で、有効な人材の配置が行われるわけではなく、実際にはX社にとって必要のない者、つまり従順ではない者や過酷な労務管理に体力的についてこられない者は、能力の問題とは別に淘汰されてしまうのである。第1章で登場した若者の中には、X社の海外拠点への進出計画に惹かれた語学堪能な者もいたことを、思い起こしてほしい。

各人の能力に見合った育成を放棄し、X社本意に行われる研修・育成制度は、社会的な価値観からいっても容認しがたい。少子化で人材の減少が続く中、新卒者を「摩耗」させることによって「選別」するというのは、反社会的であるとさえいえる。まして彼らは就職戦線を勝ち抜いた有為な人材なのである。その彼らを使い捨てるだけではなく、果ては鬱病に罹患せしめ、貴重な時間を失わせたことは日本社会における人的資源の恣意的簒奪だといわざるを得ない。

こうした現象はすでにこれまで指摘した「採用後の選別」という点で他のブラック企業

と類似した傾向である。Ｙ社にしても、就職先が見つからない学生を、成長企業であることを売り文句に大量に採用して「選別」する。その過程では皆鬱病に罹患させられる。訴訟のリスクをヘッジするためという身勝手な理由によって「自己都合退職」の強要が行われる。人材の社会からの簒奪という点で、両者は完全に一致している。

さらに、第2章で見たワタミや「日本海庄や」のように、若者をひたすら酷使することで「使い捨て」る行為も、人材を摩耗し破損するという意味で、同じ結果を引き起こしている。ブラック企業が日本から若い労働力を、自らの利益だけのために使いつぶしていることは、疑いようのない事実である。

■描けない「将来像」

「ブラック企業」に就職した若者たちの間でもう一つ共通しているのは、「将来像」が描けないということだ。Ｘ社の場合には、「店長になりたい」という一心が彼らの過酷な研修・労働を支えていた。そして「店長にならなくていい」と思った瞬間が彼らの心の折れるときであった。先輩社員の働き方や私生活を見て、「あのようになりたくない」と思ってしまうと、もはや気を張って働き続けることができなくなる。あとはひたすら坂道を転げ落ちるように精神を病んでしまう。将来にわたって過酷な長時間労働を強いられるという絶望感が、彼らを鬱病に罹患せしめたのである。

だが、X社の場合にはそれでも昇給の見込みがあった。店長になり、その中でもグレードが上がってゆけば、一定の年収が確保できる見込みがあった。ところが、SHOP99の例やワタミ、「日本海庄や」のように、永久ともいえる低賃金・長時間労働が強いられるケースも、ブラック企業の中では大半を占めている。この場合の絶望感は、さらなるものである。

また、ブラック企業では共通して「入社後のシューカツ」が続く。就職して以後の職業生活それ自体が、永遠に終わらない「選別」の過程なのである。だから、「正社員」とはいってもいつ辞めさせられる対象になるかわからない不安定な身分。そして、継続する「選別」は常に強い緊張状態を彼らに課す。結局、心身を壊し、働き続けられなくなる。こうして、ブラック企業に正社員として就職した若者たちは、次々に「自己都合退職」で離職していく。

こうしたブラック企業の所業の結果、若者の不本意な離職が増加している。2012年3月に開催された内閣府の「雇用戦略対話」の資料では、大学等卒業者約85万人に対し、

「自分から辞めた人」における違法行為と離職の相関（初職）

違法行為	契約が実態と違う	賃金遅配	パワハラ	長時間労働
離職理由に含まれる	37	24	22	49
該当したが離職理由ではない	26	46	11	46
該当しない	126	119	156	94

資料：NPO法人POSSE 2010年度調査より作成　母数＝189　単位：人

大学院等進学７万人、就職者56・９万人。しかし、このうち早期離職（３年以内）が19・９万人もおり、無業・一時的な仕事についた者が14・０万人、中途退学者も６・７万人に上る。これらを合計すると、「学校から雇用へと円滑に接続できなかった若年者」は合計40・６万人と推計されている。そして、進学を除く77・６万人の52％を占めるというのだ。仕事を辞めてしまったあとは、失業者や非正規雇用労働者となる者も少なくないのが現実なのである。

■「自己都合」退職に追い込まれる

ところで、よく「自己都合」のどのくらいがブラック企業によるものなのか、と問われることがある。私たちＮＰＯ法人ＰＯＳＳＥが行った２０１０年度調査のデータを紹介しておこう。この調査は若者を対象に、違法行為と離職の動機との連関を、ハローワーク前で聞き取ったものである。つまり、なぜ「自己都合で辞めたのか」を、会社の違法行為と関連させて質問した調査だ。その結果が前ページの表である。

「契約が実態と違う」というのは、第3章でみたブラック企業のパターンでの、「月収を誇張する裏ワザ」や「『正社員』という偽装」に関連している場合にあたると思われる。また、「パワハラ」は当然「戦略的パワハラ」のパターンに当てはまる。長時間労働も「異常な36協定と長時間労働」のパターンそのままだ。同時に、賃金遅配のようなまったくの違法行為が「自分から辞める」という対応を引き起こしていることも重要だ。ここからは、違法行為（あるいはブラック企業）に巻き込まれたとき、「誰も助けてくれない」という状況が離職を促していることがうかがえる。何をされてもなされるがまま。そのアウトプットはすべて「自己都合退職」という形に結実する。

このように、若者が将来を描けず、いつ「自ら辞めるしかない」状況に追い込まれるのかわからないブラック企業問題は、若者自身のキャリアやライフプランの作成の危機を引き起こす。後に見るように、将来のビジョンを描けないことは、少子化や、労使の疑心暗鬼といった、更なる負の結果につながっていく。

■第二の問題――コストの社会への転嫁

ブラック企業が引き起こす第二の社会問題は、新卒の「選別」と「使い捨て」の過程が社会への費用転嫁として行われることである。もちろん、この過程では、いうまでもなく新卒労働者本人の問題としても時間や将来を奪われ、病気の苦痛を与えられたことなどがある。だが、ブラック企業の問題は、これを制度的・組織的に社会へと費用転嫁していることにこそ見出すことができる。

社会全体が引き受けるコストは、鬱病に罹患した際の医療費などのコスト、若年過労死のコスト、転職のコスト、労使の信頼関係を破壊したことのコスト、少子化のコスト、またサービスそのものが劣化していくといった、あらゆるものに及ぶ。

ブラック企業はこれらのコストを日本社会に押し付けることで急成長し、グローバル企業へと羽ばたいていく。第1章で見たX社はその好例である。X社が業界で世界的な企業になる過程では、彼らに「選別」され、「使い捨て」にされた若者たちが鬱病に苦しみ、その治療の負担は日本市民の税金・社会保険料で賄われる。

X社では、まず、過酷な「採用後の選別」から脱落した新卒労働者は消却期間としての

「休職」期間に入ることになる。休職はX社の就業規則に根拠をもって行われる。これはブラック企業に共通する事項であるが、脱落した労働者に休職期間を経て心の整理をつけさせ、自己都合退職させるのだ。

その際にかかる医療費、生活費は公的保険である健康保険から支給されることになる。健康保険の傷病手当金は、給与のおよそ3分の2程度の収入を保障される。雇用されている間に給付が決定されれば、退職後も1年半にわたって給付が行われる。それでも治らない場合には、あとは自助努力で治療するしかない。あるいは、退職後に鬱病の診断を受けても健康保険は適用されないので、その場合には傷病手当金は支給されず、国民健康保険によって治療費の7割が負担されるのみである。

業務に関連して引き起こされた精神疾患は、本来であれば労働災害であり、責任は原則として企業にある。労災と認められた場合には6ヶ月間（治療期間中）の8割の給与保障と、治療費の全額支給が行われる。ところが実際には、ほとんどの業務に起因する精神疾患は、労災保険ではなく健康保険や国民健康保険によって治療される。その結果、ブラック企業による疾病の治療費は、私たち日本社会の成員が全体として負担することになる。こうした個別企業本位のシステムは、ただ乗りという意味での「フリーライド」そのものである。

なぜこんなことが可能になるのか。労災保険と健康保険の傷病手当を比較して見ると、後者のほうが極めて支給要件がゆるいことがわかる。労災保険は企業の責任を追及するという趣旨を含むものであるので、その支給には厳しい審査が伴う。業務に起因した疾病であることを立証する必要があるからだ。労災保険が適用されたとなれば、それは企業が労働者に害を与えたということであり、重大である。だからこそ、業務との因果関係は慎重に判断される。

現状では厳しすぎる認定基準が課されており、例えば2011年には労働に起因する精神障害で、1074件の申請について判断が行われているが、同年に因果関係が認められたのは325件に過ぎない。ブラック企業の現状を考えると、決して多すぎる申請件数ではない（むしろ少ない）が、それでも、因果関係の判断にはかなり慎重な態度がとられていることがわかる。現実には、誰が見ても業務が原因であるという場合にも申請が認められないということが、過労死・過労自殺を含め、日常茶飯事になっている。そのため、訴訟で国の審査結果を訴えたり、国側の敗訴を受けて基準そのものが改定されたりすることが、繰り返されている。精神疾患に対する労働災害の適用や裁判によって企業の責任を追及する営為は、まだまだ途上にあるのだ。

これに対して、健康保険を用いる場合には、そうした厳しい審査などがない。本来は医師が診察した際に、労働災害であると判断すれば、健康保険ではなく労災保険が適用される。例えば、仕事中に手や足をけがしたといった「わかりやすい」場合には、健康保険が適用されないで、労災にまわされるということもあり得る。しかし、鬱病のように原因の特定が困難な病気については、いまだ労働災害で通るかどうかもわからないため、そうした措置がとられることはほとんどない。最近では、健康保険と労災保険の間の「谷間」に労働者が落とされ、どちらを使ってよいかわからないといった相談事例も寄せられている。健康保険を受けていたのに、逆に労災を申請するように迫られて困っている、というような相談も来ることがある。制度自体に欠陥があるのだ。

■精神疾患が増え、医療費が国民全体にしわ寄せ

ブラック企業はこうした制度の間隙を縫って、意図的に本来の制度の趣旨を捻じ曲げ、自社の労働災害を社会的負担へと押しやっている。労災保険の原資は基本的に企業の負担からなっており、労働災害が多い企業はそれだけ負担も重くなる。だが、健康保険や、さ

らには国民健康保険に追いやってしまえば、こうした「コスト」を社会全体の負担に転嫁することができてしまう。

全国健康保険協会管掌健康保険「現金給付受給者状況調査報告」（2011年）によると、精神疾患による傷病手当の給付が増加していることがわかる。「年度別に傷病手当金の受給の原因となった傷病別の件数構成割合をみると、消化器系の疾患は、平成7年は14・64％であったが、平成23年は4・39％と大幅に減少しており、一方、精神及び行動の障害は、平成7年は4・45％であったが、平成15年には10・14％と10％を超え、平成23年には26・31％と大幅に増加しており、傷病手当金全件数の1／4以上を占めるに至っている」。また、これを年齢別にみると「精神及び行動の障害が50歳未満で最も割合が高く、20歳〜39歳では40％を超えるが、年齢が高くなるに従い減少している」のである。もちろん協会健保のデータだけでブラック企業の動向は特定できないし、精神疾患増加の原因は職場だけではないだろう。だが、ここから一定の傾向は見出すことができる。

2012年7月17日付の日経新聞によると、厚生労働省も、こうしたブラック企業の行動と医療費負担の増大の関係を意識しているようである。記事によると、厚生労働省が2010年度の診療報酬明細書（レセプト）を分析したところ、「国保は働き盛りの年齢で、医療費が会社員や公務員よりも多い傾向がみられる。『精神・行動障害』『神経疾患』にかかる医療費が特に高い。厚労省保険局は『うつ病を発症して会社を辞めると、国保に入るしかないので、医療費が膨らみやすい』とみている」という。ここでは企業の側も加入し、保険料を折半する健康保険ですらなく、完全に「フリー」な国民健康保険へと負担がしわ寄せされていることを問題視している。

確かに、相談事例では、ブラック企業が健康保険の申請すら妨害するケースがみられる。傷病手当の申請を拒否し、退職を強要するのである。こうすると、強制的に国保の利用(傷病手当は出ない)へと追いやられる。ブラック企業が加入する健保においても、極端に支給率が上がることは、避けたいのであろう。

もちろん厚労省が指摘するように、国保へ意図的に追いやる方が、さらに悪質ではあるのだが、要は健保であれ国保であれ、ブラック企業が若者のメンタルヘルスを害し、その結果、医療費負担が増加していることに変わりはない。ブラック企業が「選別」と「使い捨て」によって生じる損害の費用を、社会に外部化するシステムを、「戦略的」に整備していることが問題なのである。また、ブラック企業が「自己都合退職」へ追い込む理由もこれと同じであろう。雇用保険の保険料を不正に抑えるために、自己都合を偽装させる。

くどいようだが、その費用負担は社会全体が負わされるのである。

ちなみに、X社の場合には、1年以上勤めた労働者に4ヶ月間の給与保障という福利がつくが、これはより深くX社の内部事情を知る者の退職に関してはより慎重に対応を行い、不満を持つ可能性を「処理」することがシステム化しているものと思われる。実際には精神疾患の病状が4ヶ月で完全に回復し、就労可能になることは稀だろう。彼らは自らの経営合理性のためならどんな手段でも用いる。ブラック企業には、社会性や人道的配慮を期待することは、まったくできないといってよい。

■「生活保護予備軍」を生むブラック企業

「コストの社会への転嫁」の最後に、もう一つ指摘しておきたい。それは、生活保護費の増大との関係である。ブラック企業は、若い正社員を「生活保護予備軍」に加えている。

私たちには最近、生活保護を申請したいという若者からの相談も多く寄せられるようになっている。しかも少なくない割合が、大学を卒業し、正社員を経験している。なぜ彼らが生活保護の申請にまで追いつめられたのか。それは、就労中にハラスメントや過重労働で鬱病にかかり、生活保護申請以外にどうしようもなくなったからである。若年労働者が生活保護へと「転落」する構図は、ほとんどが「鬱病罹患→働けない→生保申請」というルートに整理できるのだ。相談事例をいくつか見てみよう。

若い女性からの相談。出勤前にパニック発作を起こした。かかりつけの病院で、職場でのストレスが原因のパニック障害と鬱を併発した「社会不安障害」だと診断を受けた。しばらくは、仕事のことを考えるだけで震えたり、息苦しさを覚えたりして、休職していた。しかし、一家4人のほぼ全ての家計のために働いていたため、収入がなくなり、生活保護を申請した。

若い男性からの相談。正社員で働いていたが、上司からのパワーハラスメントで鬱病にかかった。その後はアルバイトで生計を立てていたが、鬱病が悪化し、担当医より「仕事を離れ治療に専念するように」と伝えられ、アルバイトを退職した。このままでは生活できなくなるので、生活保護を受けたい。

相談事例でみられるような、「鬱病罹患→働けない→生保申請」という構図は、新卒にも当てはまる。もし新卒正社員となっても、すぐに「選別」や「使い捨て」の対象となった場合、鬱病を患ったまま自己都合退職をしてしまう。6ヶ月を待たずに退職させられてしまっている場合もある。こうなると、雇用保険の受給も難しい。

その上、ブラック企業に就職する大卒の学生は、多額の奨学金（借金）を背負っている場合もかなりの割合に上る。日本の奨学金は日本学生支援機構（旧育英会）をはじめ、ほとんどが「ローン」であるうえ、多くの場合、利子も付加される。奨学金の支払い請求は解雇された後も苛烈に行われる。返済が滞れば、速やかに金融機関の「ブラックリスト」に登録され、生涯、ローンを組んだりカードを作るときについてまわる。

こうした新卒からの相談の場合、もしも両親に彼/彼女を支えるだけの資力がない場合、もはや生活保護以外に支える手段はない。新卒からの相談では、ほとんどの場合当人は「何とか生保以外の社会保障がないか」と相談を寄せるのだが、実際には生保しか生き延びる方法はないのである。もし生活保護を忌避してホームレスや、ネットカフェを転々とするいわゆる「ネットカフェ難民」となってしまえば、精神疾患はより悪化し、生活はすさむ。ただ正社員から病気になった、という以上の「貧困者」としての性質が付与されてしまい、社会復帰はより困難になる。

22〜23歳の若者が生活保護に「転落」せざるを得ないというのはとても残酷に思われるかもしれないが、これは現実である。そして、彼らが生活保護に「転落」したとしても、ブラック企業はまったくの素知らぬ顔である。その費用はすべて公費にまわり、社会的非難は生保受給者本人へと向けられる。

■「すべり台社会」から「落とし穴社会」「ロシアンルーレット社会」へ

かつて、日本に「貧困問題」を根付かせた湯浅誠氏は、日本の貧困問題を告発するために「すべり台社会」という言葉を用いた。日本社会では、徐々に社会から排除され、ストッパーのないまま貧困へとすべり落ちてしまうというのである。しかし、ブラック企業で働く正社員からの相談を受ける私には、すべり落ちるというよりも「落とし穴に落ちる」という感覚のほうがしっくりくる。一たびブラック企業に入ってしまったら、あるいはパワハラ上司やブラックな部署に配置されてしまったら、その時点でアウト。長時間残業やハラスメントが横行し、誰も助けてはくれない。鬱病を患えば、自己都合退職後も働けず、そのまま生活保護へと「転落」してしまう。ブラック企業が蔓延する社会は、いつなんどき「転落」するかもわからないという意味で、「落とし穴社会」であると表現できる。

あるいは、より敵意と偶発性、予見しがたさを強調するならば、「ロシアンルーレット社会」といってもよい。次は誰がターゲットとなり、精神破壊と貧困へと叩き落されるのか。それは誰にもわからないが、確実に身の回りで被害者と脱落者が発生し続けているのだ。Y社の「選別」の事例や、その他の「入社後のシューカツ」はまさに、ロシアンルーレットのように、一人、また一人と、誰かに順番が回ってくるのである。

医療費の負担増や、生活保護の受給を減らしたいのであれば、本当はブラック企業を規制するべきなのだ。最近の生活保護バッシングで、「生活保護を受給するのは甘い」という批判があるが、まったくの的外れだと思う。もし生活保護を受けなければ、先ほども書いたように、より病気は悪化し、社会復帰の道は遠のいてしまう。そんな場当たり的で、「弱い者いじめ」のような批判をするよりも、働けなくなった原因であるブラック企業を批判すべきなのだ。

■「日本」という資源の食い潰し

ブラック企業による社会へのコストの転嫁は、医療費や生活保護費といった直接的なものにとどまらない。これまで日本の労働者のモチベーションは世界的に見てもきわめて高い水準にあった。労働時間の水準はずっと世界最長レベルにある。だが、日本の（多くの）会社員はどんな長時間労働にも、厳しい配置転換やノルマに対しても、決してふてくされることなく、前向きに取り組んできた。こうした愚直な姿勢は、「過労死」を世界に先駆けて生み出し、「karoushi」として世界語になってしまったほどである。

ここまでの労働モチベーションを引き起こした要因は多々あるが、少なくとも日本企業にはそうした過酷な労働要求に対し、年功賃金や終身雇用、あるいは職場の手厚い人間関係によって、「報いる」ところがあったからだろう。しかし、ブラック企業には、それらが欠落している。将来性はなく、人間的な抱擁力もない。そして、終身雇用どころか、いついじめと退職強要の対象になるのかわからない恐怖社会（ロシアンルーレット社会）である。こんな状態で、かつてのような高いモチベーションが維持されるはずもない。

紛争を抱える若者たちからの相談を受けていると、彼ら自身、厳しい就職活動の中で拾ってくれた会社に対して、非常に献身的な志を持っている。しかし、そこで裏切られる。どんなに尽くしても、報われない。それでも、また前向きに転職活動をする。今度こそはと、また会社に尽くす。だが、またしても、裏切られる。こうしたことを繰り返していると、企業への「冷めた目線」が養われていく。もちろん、第5章で述べたように、ブラック企業への対応として、「戦略的思考」を身に付けることは、必要である。これによって、鬱病を免れ、社会保障負担も軽減されるだろう。だが、企業への懐疑心が増加し、労働そのもののモチベーションが下がる状態はきわめて不健全で、社会的には「高コスト」な体制である。むしろ、戦略的思考で企業の「使い捨て」を抑止し、「安心」を取り戻すことこそが、そうした「高コスト体制」を打破するためにも必要なのだ（この点は第8章で詳述する）。

企業活動と利益追求にとっても、本来、社会性は重要だ。社会全体が「高コスト体制」であれば、それは個別企業にもいつかは影響するからだ。だからこそ、日本の企業社会には暗黙のルールがあり、長期雇用を保障する代わりに、厳しい労働を課してきた。これによって、若者は安心して仕事に没入できた。ブラック企業はこの信頼を逆手にとり、自分はコストを負担せずに、これを食いつぶしていく。

「ソフトな退職強要」がその最たる例である。通常の解雇や退職勧奨とも違い、「ソフトな退職強要」は、解雇や退職勧奨の意思すら示さない。辞めさせたい若者に対し、ただひたすら「居られなくする」戦術をとる。若者にとっては、なぜ自分だけがそのような目にあっているのかわからない。だから、企業を信用できなくなる。

■まともな企業の「育成」も信用できなくなる

これまでも、日本では厳しいノルマや長時間労働が課せられてきたが、それらは「くらいついていけば、将来がある」ものだった。しかし、ブラック企業の命令に従うと、戦略的に退職に追い込まれるかもしれない。本当に意味のある業務命令なのか、辞めさせるための業務命令なのか、それは、若者自身にはわからない。

こうした「ソフトな退職強要」が横行する社会では、心身を仕事に没入させようなどと考える方が、間違っている。そのため、今度は、もしまともな企業が若者を育てる目的のために厳しい業務を課したり、厳しい叱責を行ったとしても、それが本当に「育てるため」なのかが疑われてしまう。最近、「厳しく育てようとすると、パワハラだと感じる若者が増えている」というデータが各所で示されている。ブラック企業からの相談を受けている私からすると、これは若者の「受け止め方」の問題ではなく、実際にブラック企業という「リスク」が存在するために自然と発生した自衛的な思考である。

その結果、ブラックではない企業においても、育成が困難になっている。若者の企業に対する信頼を、社会総体の中で解体させてしまったことにこそ、ブラック企業の罪悪がある。

さらにいえば、離職・転職の増加も社会のコストを増加させる。退職強要の度に、心は疲弊し、荒《すさ》む。もし争いともなれば、そのたびに時間や弁護料などのコストがかかる。たとえ賠償金がとれたとしても、働けない期間は社会的には無駄である。また、次々と職場をうつることは、それだけで大変なエネルギーを要する。労働モチベーションの低下と、転職を繰り返すことによる疲弊は、結局は社会全体の生産性に跳ね返ってくるのである。

もちろん、転職が悪いのではない。スキルアップの転職であれば、何の問題もない。問題は、違法行為に耐えかねた、不毛な離職なのである。

■少子化――恋愛・結婚・子育てなど不可能

ブラック企業は少子化の要因にもなっている。「選別」という不安定の中で、若者は将来を描くことができず、「使い捨て」という過剰労働は恋愛や出産、子育ての機会を簒奪している。一言で言って、私生活の崩壊を引き起こす。X社の事例でも、若者は上司の店長が私生活もなく会社のことばかりの状況であることに絶望していた。

資本主義社会においては、企業は常に私的な利益を最大化させようとする傾向をもっているため、どの国でも労働法や労使関係によってこれに歯止めをかける。そうしないと人口の再生産がおぼつかないことがわかっているからだ。

たとえば、労働法の産みの国であるイギリスでは、19世紀に子供や婦人の長時間・不衛生な労働が問題となった。労働者の平均寿命は20歳程度まで落ち込み、若者の身長や体力は極端に低下した。だからこそ、企業活動を労働法で制限することとなった。私たちは、この教訓を忘れるべきではない。

■消費者の安全もなくなる

ブラック企業が社会に与える弊害として、もう一つ意外なものを加える必要がある。それは、「消費者の安全」である。近年急成長が見込まれているのが社会保障分野である。介護や医療、保育は高齢化や女性の社会進出を背景として需要が増大している。また、ただ需要が増大しているだけではなく、政府はこれらを規制緩和と民営化によって、これまでは公的に行われていた部分を大幅に民間企業の「市場」にゆだねようとしている。ここでは民営化の是非は扱わないが、実際には「民」の受け皿の中にブラック企業があるために、弊害が生じる恐れがある。

労働相談からひどい実例を紹介しておこう。

Gさんは介護施設に勤めている。この事業所は建設会社が需要増を当て込んで参入した施設だという。事業所には、生活相談員がゼロで、完全な違法状態。入ったときは正社員が責任者とGさんの2人、アルバイトが2人いたが、正社員もバイトも1年定着する人はほとんどいなかった。アルバイトが1人で夜勤に対応していることすらあった。「明らかに発達障害をもっている人や、副業として働いている人にも夜勤をやらせている」という。

労働時間も長い。日勤・夜勤・日勤が連続し、連続の労働は24時間を超える。しかし事業所は、「月に20日働いたら基本給が発生する」という考え方で、8日しか日勤がなくて20日働いていないからマイナス12だというように、引かれていたという。とても続けられるような労働条件ではない。

しかし、そのような状態で、営業担当が利用者をどんどん増やす。定員10人に対して利用者が日中15人、夜間13人というときもあった。営業が利用者を探しに行く先は、主に病院だという。その理由がすさまじい。「病院は基本的にもう治療することがない人には早く退院してほしいのですが、結局退院した後に行くところがない人がいっぱいいるんです。そういう方々がうちみたいなとんでもない介護施設でも来てしまうんです。家族も音をあげていたり、身寄りがなかったりするんです。行くところがない人に『老健（介護老人保健施設）や特養（特別養護老人ホーム）が決まるまで、うちに来ませんか』と声をかけていきます」

利用者には生活保護を受けていた人も多くいたという。病院から退院しても行くところのない人たちを引っ張ってくる。会社の方針は「定員の90％超え」で、営業としては長期滞在者を引き寄せる。だから営業職は重視されて給料が高い。現場の介護労働者ではなくて、彼らが一番偉いのだという。「いくら一生懸命、現場のサービスを充実させても、お金にならないんですよ。『介護保険しか発生しないところに、なんで一生懸命お金かけなきゃいけないの？』っていう発想が上にあるんでしょうね。その発想が、本当に福祉や介護に携わりたいという人と全然違うんですよ。焼肉屋をチェーン展開していくって発想と変わらないです。どうすれば経費をかけないで利潤あげられるかっていう、純然たる株式会社の発想でやっているので。本当に高齢者のためにやっているということではないのだと思います」

「経営の仕方は基本的には成果主義で、要はその稼働率を限りなく１００％に近づけていきたいという営業ですね。利用率が上がれば、要望も聞いてもらえる、経費もたくさん出る、ということです。責任者に課されているノルマは恐らく9割以上でしょうね。現場をやっている人にはノルマはありません。給料は現場でやっている人より、営業のほうが5万円は高いし、社会保険もあるようですね。カネを稼ぐ営業が偉くて現場は偉くない。これは『社長』から直接聞いて仰天しましたが、『この職業はスキルはいらない』と」

この会社の方針は、第1章で見たＩＴ企業Ｙ社とよく似ている。若者を育成し、専門性を高めるのではなく、使いつぶすことによって利益を最大化させる。そうした企業で提供される福祉サービスが、良質なものであるはずはない。

介護事業の参入では第2章で紹介したワタミや、派遣会社の参入が知られている。彼らは新卒を含めた若者を大量に採用する「雇用の受け皿」である。だが、その労働条件の劣悪さは有名だ。労働時間がながく、仕事内容もきつい割に、給料が安く、上がらない。福祉業界の人件費は非常に低く、そのため「参入障壁が低い」と言われる。保育の場合には、月給12万円で新卒の若者が雇える、とまでいわれている。賃金の低さはこの業界の高い離職率を引き起こしているが、若者が労働市場に有り余っている限り、次の働き手を見つけるのは難しくない。

また、民営企業では、「介護保険の枠内での業務」が徹底され、職員がより手厚い介護を行おうとすると、「コスト増」とみなす傾向がある。職員自身のスキルの低さと、それ以上にあえてさせようとしない経営方針。こうした福祉サービス活動におけるブラック化は、消費者へも跳ね返るのである。

さらには、介護現場では近年、虐待が増加している。介護職は、高齢者の汚物の処理や、認知症の方の食事介助など、きわめて根気のいる厳しい作業だ。それは、高いプロ意識と技術がなければ、十分なサービスを提供できないということを意味する。しかし、ブラック企業がはびこることによって、その反対のことが行われる。「専門家」としての介護福祉士を業界が丁寧に育成するのではなく、若者をいくらでも代わりのきく「部品」のように扱う。それでは、安心なサービスを望むことは困難だし、当のブラック企業自身がそれを重視していないのは、事例を見ればよくわかる。

もちろん、福祉の業務には福祉制度改革の問題もある。しかし、福祉制度改革の柱は民営化と市場化なのであり、実際に福祉を担う企業が「どのような企業であるか」も、制度改革の内容と同じだけ重要なのである。利益追求のあまり、人材育成や社会への貢献意識を欠いた企業の増加は、私たちが受けるサービスの質をも低下させていくことになる。

■グローバル企業の発射台となる日本――海外逃亡するブラック企業

本章ではブラック企業が社会に与えるさまざまな弊害を見てきた。私は「グローバル企業の発射台となる日本」という言葉を使ってこうした事態を表現している。将来ある日本の若者を鬱病に罹患させ、少子化を惹起し、さらに労働モチベーションの低下や医療費の増大、社会サービスの劣悪化を招く一方で、ブラック企業は急激に成長している。彼らは日本の有効な資源を消尽し、自分たちの私的な利益に転換している。特に、若者の鬱病の増加と少子化はこれに当てはまる。

若者が将来を設計できず、次の世代の再生産ができなくなれば、どうなるか。ただでさえ高齢化社会であるのに、ますます少ない若者で、ますます多くの高齢者を養うことになる。そうすると、ますます子供を育てる余裕がなくなってしまう。当然、国家財政を圧迫し、将来的な財政悪化の要因ともなる。

それでも、ブラック企業にとっては大きな問題ではない。いくら日本の若者が鬱病になろうが、高齢化が進展して日本の市場が縮小しようが、いざとなれば日本で稼いだ資産を持って、海外市場に逃避すればよいからである。

私たち若者がブラック企業に対して「戦略的思考」を持たなければならないのと同じように、本当は日本社会全体が、こうした傾向に「戦略的思考」をもって臨まなければならない。日本を食いつぶすブラック企業に対処できなければ、日本社会は滅びてしまう。

■国滅びてブラック企業あり

実は、ここまで個別企業の成長と実質的な経済の違いに言及してこなかったが、社会問題としてのブラック企業を考える上では、これが決定的に重要な視点である。なぜなら、一部の論者は「ブラック企業でも成長すれば日本経済のためになる」と主張しているからだ。ここまで見てきて明らかなように、ブラック企業がいくら成長しても、それは一時的なものでしかない。額面の上で大きな利益をたたき出したとしても、その後には使い捨てられた若者が横たわるのである。しかも、ブラック企業の「成長」それ自体が、日本の医療費等の直接的な、あるいは労使関係の信頼という間接的な財産を食いつぶして成立しており、実質的な意味では「一時的な成長」だということすらできない。したがって、本書で経済的な発展や成長の戦略を語るとき、それは実質的な意味での経済の発展のことを指しており、決して一時的な額面上の成長ではないことに留意していただきたい。

一国の経済発展を考えるとき、それが持続可能な実質性を担保しているのか、それとも「数値のまやかし」であるのかは、決定的に重要なのである。経済成長も「質」が重要なのだ。

実際、このままでは日本は「国滅びてブラック企業あり」という状況になりかねない。ましてや、彼らは海外に逃避するのだから、何も残りすらしないかもしれない。それでは「成長」などといってもまったく無意味である。だからこそ、社会の側からの「戦略的思考」が求められている（こうした視点については、佐々木隆治『私たちはなぜ働くのか』〈旬報社〉を参照）。

残る第7章、第8章では、こうした視座から、ブラック企業を生み出した構造を分析し、どのような対策が求められているのかを示していこう。

第7章　日本型雇用が生み出したブラック企業の構造

■ブラック企業に定義はない

本書では、ここまでブラック企業に明確な「定義」を与えることを、あえて避けてきた。ブラック企業に定義を与えることは、想像以上に難しい作業だからだ。多くの書籍では、ブラック企業問題を「違法な企業」の問題としてとらえている。だが、もし単に違法な企業をブラック企業と呼ぶならば、それは昔から日本に存在することになる。いうまでもなく日本では従来から「サービス残業」に象徴される違法行為が後を絶たない。「労働法は道路交通法と同じくらい守られない」とも言われてきた。「違法行為」だけでブラック企業を定義しようとすると、「昔から日本企業はブラック企業だ」という結論にしかならないのである。

だから、一般的なブラック企業の説明は、実は「ブラック企業問題」の本質的側面を見落としている。「使い捨て」がどうして発生し、どうして抑止できないのか。こうした社会構造こそが問題の本質なのであって、違法行為をしている「悪い企業」をいくら個別にあげつらっても、問題の核心は見えてこない。

そこで本章では、ブラック企業による「使い捨て」を可能にする社会構造と、これによって引き起こされた労使関係の変化を、簡単に見ていくことにしよう。

■「日本型雇用」の悪用──企業の命令権

第3章のブラック企業の「パターン」に示されているように、「選別」や「使い捨て」を行うために、ブラック企業は「異常な命令」を行う。「自分から辞めさせる」ためにパワーハラスメントが平然と行われ、健康を破壊するほどのノルマ、サービス残業が戦略的に課せられる。だが、これらの多くは、実はブラック企業独自というよりも、日本型雇用から引き継がれ、「悪用」されているものだとみることができる。

そもそも、従来から日本の企業の「命令の権利」は諸外国から見て際立って強いものであった。その理由は、日本型雇用においては、終身雇用と年功賃金と引き換えに、柔軟に命令を引き受けるという体質が身についていたからである。

例えば単身赴任という言葉は日本では一般的なものである。遠隔地赴任は一週間前、一ヶ月前といった直前に配置が決定される場合も珍しくない。当然、単身で何年もの長期間暮らすことは心身ともに大きな負担である。だが、日本ではこうした一方的な命令を拒否することはできない。また、残業にしても同じである。日本の労働時間は、従来から諸外国に比して長いもので、前にも述べたように「過労死」は世界語になってしまったほどであるが、残業命令に対して拒否することも極めて困難である。

だが、こうした厳しい指揮命令は、一方的に課せられてきたのではない。実は、労働者側が長期雇用と引き換えに、積極的に受け入れてきた側面もある。日本型雇用の特徴としてよく知られている長期雇用を維持し続けるためには、業務の変更などに対応できる必要がある。もしある業務部門が縮小した場合や、業務全体の拡大・縮小に対し、社員に命令できる業務内容や業務時間がいつも同じであれば、対応できないだろう。この場合には、業務の繁閑に合わせ、頻繁に外部からの採用や解雇をする必要が出てくる。これに対し、もし命令が制限なく行えるのであれば、業務内容を配置転換で変えたり、労働時間を延ばしたりすることで、解雇せずに対応できるというわけだ。

日本の雇用契約の場合には、長期雇用と引き換えに仕事の内容や命令のあり方にほとんど制約がかけられず、たいていのことが「人事権」として認められているところに特徴がある。契約内容をあいまいにすればするほど業務命令の内容は柔軟に、雇用の継続は確実にされていく関係にあるとされる。

だから、日本企業では2000年代に入って法律で義務付けられるまで「契約書」を取り交わすことさえしなかった。長期雇用を前提とする以上、当面の「仕事の内容」を紙に記すことすら無意味だと考えられたのだろう。こうした日本の雇用契約の特徴を、濱口桂一郎氏は「空白の石版」と評している（『新しい労働社会』岩波新書）。おそらく、日本型雇用の特徴として「終身雇用」と「年功賃金」を思いつく方は多いことだろう。しかし、実はこれらと「対」の関係にある巨大な企業の命令権限こそが、それら以上に重大な、日本型雇用の特徴なのである。

命令に制限が少なく、その分雇用が保障されるシステムは、非常に合理的に思えるかもしれない。だが命令の契約内容に制限がない状態は、世界的に見てもかなり特殊であり、働く者には相当の負担がかかるシステムだといってよい。逆に、仕事の内容がはっきりしている欧米型の場合には、解雇されやすい（と一般的に考えられている）代わりに、転職の際に自分のもつ専門性がはっきりしているので、他の企業からも評価されやすい。その方が、日本のような「どんな命令がくるかわからない」状態よりも、よほど社会的な地位がはっきりしている。

■「メンバーシップ」なく過剰に働かせる

このように異常に強い命令がなされてきた日本型雇用であるが、こうした命令はすでに述べたように終身雇用や年功賃金といった労働者の生活を長期にわたって安定させる仕組みとセットで労使に受け入れられてきた。そこにはある種の「合意」が存在していた。これを図示したものが、図2（次ページ）である。

これを見ると、これまでの正社員は雇用保障と年功賃金などの企業福祉に恵まれ、その分「無限の指揮命令」を受容させられる関係にある（図では右上の部分に当たる）。これに対し、非正規雇用の場合には、雇用保障が不在の不安定状態におかれ、賃金も低い一方で、命令には一定の制約がかけられてきた。「主婦のパート」はその代表格だ。「主婦」が「本業」である家庭責任を担うことができるように、労働時間は短く、変則的な業務命令も比較的抑制されていた。あるいは、出稼ぎ労働の場合にも、本業は農業にあり、期間限定での働き方という意味で、同じ構図であった。

先ほど紹介した濱口氏も、日本の正社員は、どんな命令でも受け入れなければならない代わりに、企業の「メンバーシップ」を得ることができる点に特徴があると言う。メンバ

図２

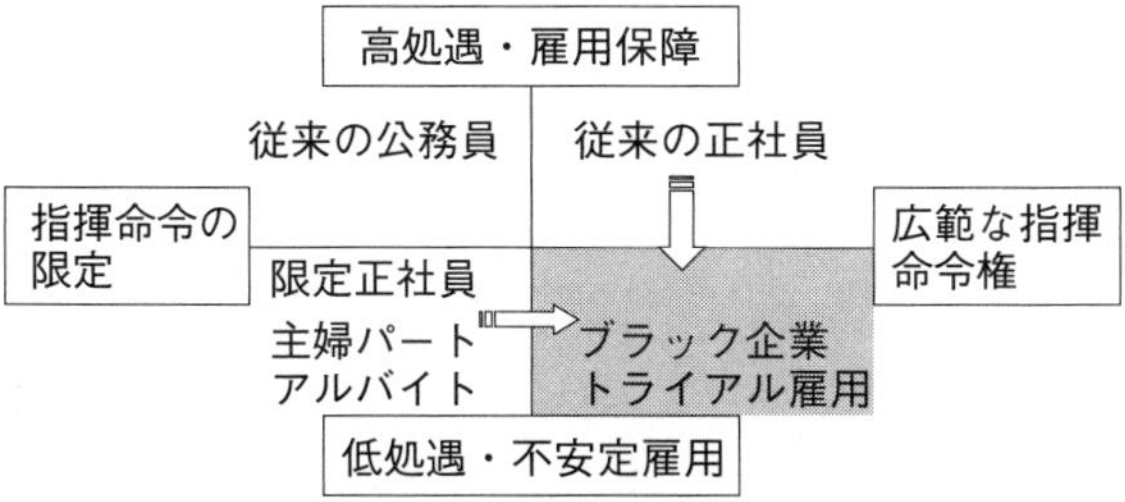

ーシップを持つ正社員は、非正規社員とは異なり、長期雇用や年功賃金が保障される。だからこそ、「空白の石版」という重たい苦役を背負うのである。

過労死・自殺の問題は、こうした日本型雇用のシステムから必然的に生じてきた問題である。日本型雇用システムの過剰な命令を裏付けて、日本の労働時間規制は36協定のように、事実上無制限だ。また、企業別労働組合も、労働時間や業務命令の内容についてはまったくといってよいほど関与しない。こうしたシステムは、雇用保障と企業福祉を前提にしてなりたっていた。

これに対しブラック企業の特徴は、正社員の方は命令の強さはそのままに、長期雇用や手厚い企業福祉は削減されてしまっているところにある。ブラック企業は過剰な命令をする一方で、決して新卒を「メンバー」として受け入れることはない。むしろ、「選別」や「使い捨て」のために、与えられた命令の権限を悪用するのである。「入社後も続くシューカツ」は、いつまでも「メンバー」としては受け入れられないことを示す一方で、「戦略的パワハラ」や「異常な36協定」、「辞めさせない」というパターンは、まさに日本型雇用の社会的合意を背景にして行われている。

そして、「メンバーシップ」無き過剰命令のあくどさは、第4章で見たブラック企業の「辞めさせる『技術』」で頂点に達する。本来、雇用保障とセットで与えられた命令権を行使し、雇用保障そのものを掘り崩す。これが、ブラック企業が「日本型雇用」を源流として開発した「技術」なのだ。

ここまで見てきたように、これまでも日本企業の命令権は極めて強いものであり、それは時に耐えがたいものであったはずだ。だが、多くの労働者がそれでもこれを「ブラック」などとは感じずに甘受してきたのは、それだけの見返りがあったからに他ならない。

今日私たちが「ブラック」だと感じる理由は、ブラック企業は将来設計がたたない賃金で、私生活が崩壊するような長時間労働で、なおかつ若者を「使い捨て」るからである。

■すべての日本企業は「ブラック企業」になり得る

ブラック企業問題がこれだけの広がりと社会的なインパクトをもった要因はそれだけではない。そもそも、諸外国に比べ、日本においては新卒正社員の位置づけがきわめて重いものだった。終身雇用・年功賃金のために、初職がきわめて重要だというだけではなく、政府の社会政策も企業頼みだったからだ。本来先進国では積極的に取り組まれるはずの住宅政策や年金などにしても、日本においては手薄である。このため国家による福祉ではなく、年功賃金を背景とした住宅ローンや、退職金によってはじめて生活の安定を手に入れることができる構図であった。日本型雇用に福祉を依存しているために、社会政策が貧弱で、若年雇用の変質がそのまま貧困に直結するという構図も、指揮命令権と同様に日本型雇用システムの延長にある。

また、社会全体で見たときにも、若者の「新卒採用」には特別な意味があった。仮に親世代が自営業や中小企業で働いていたとしても、子供世代は学歴競争にさえ打ち勝てば、大企業に就職し、貧困から脱出できるという希望を持っていた。厳しい競争社会の日本にあって、唯一の「出口」であったはずの日本型雇用が縮小し、かつあいまいになっているという問題の衝撃は、計り知れないのである。

このように、ブラック企業問題は日本型雇用の変質なのであり、かつそれは社会全体の中で重要な意味を持っている。そのため、ブラック企業問題は、他の法的な労働問題とも異なっている。この5年間で問題になった企業の違法行為を挙げていくと、「偽装請負」「偽装店長（名ばかり店長）」「内定切り」「派遣切り」などが思い当たる。これらは法的論点がはっきりしており、その後の裁判などで「白黒」がついたり、国会の法改正の問題に発展していたりする。

これに対して、「ブラック企業問題」には、法的論点やおとしどころがない。ブラック企業問題は、若者の漠然とした不安であり、「この法律問題を解決したい」という具体的なものではない。その本質は企業への信頼の喪失であり、労使関係の変化にこそあるからである。

そもそも、従来の日本型雇用は、1950年代からの大きな労使紛争を経て形成された。大企業では頻繁にストライキが行われ、時には暴力すらも入り乱れる一歩も譲らない攻防が展開された。こうして日本の経済界はある認識に達する。労働条件を引き下げたり、恣意的に解雇を行うよりも、労使の間で安定した関係を築いた方が良い。そして、その内容は労使が合意できる水準で、経営の理にかなった内容であるべきだ、と。すなわち、それこそが「日本型雇用」のルールだったのだ。

繰り返し述べてきたように、日本型雇用は長期雇用と年功賃金が付与される代わりに、きわめて強い経営の人事権が確保される。しかも、長期雇用は経営にとってもＯＪＴ（On the Job Training）で技術水準を引き上げるうえで役立ち、年功賃金は若者の長期勤続の意欲と企業への忠誠心を養う上で最適であった。若者にとっても、以前よりも安心して働くことができ、モチベーションも増大した。

しかし、今の日本の企業別組合には、日本型雇用を守らせるだけの力がない。組織率の低下によって、新興企業ではまったく日本型雇用の「合意」は崩されてしまった。その上、老舗大企業では、正社員の日本型雇用を「守る」ために、日本型雇用の合意の外側に、大量の非正規雇用を生み出すことを許してしまった。こうして、日本型雇用を守る企業別組合の権威は失墜の一途をたどっている。

だから、日本の労働組合には、もはやブラック企業の発生を抑える力はない。従来の労使関係が衰退した結果、日本型雇用の「いいとこどり」を簡単に許してしまう。その結果、若者の側には企業に対する不安と疑心が広がっていく。こうした労使関係の変化こそが、ブラック企業発生の直接的な要因である。だから、ブラック企業問題を何か一つの「法律問題」のように定義することはできないのだ。

同じ理由から、よく「ブラック企業はどのくらい存在するのか」と尋ねられることがあるが、ブラック企業を正確に「実数」で把握しようとしても、できないだろう。なぜなら、すべての企業がブラック企業であるというわけではないが、すべての日本企業はブラック企業になり得るからだ。

ブラック企業の問題は、企業による若者の「使い捨て」を誰も止めることができないという、日本社会の構造によって引き起こされている。そして、第6章でも述べたように、今日の労働問題は、特定の企業や職場だけが問題となるのではなく、ロシアンルーレットのように突如として襲い掛かる。したがって、今現在の違法行為の問題だけではなく、将来にわたる信頼の不在こそがブラック企業問題の背景にある。

しかし、とはいえ、日本型雇用を支える法律は、今も変わっていないし、すでに70年代以降から企業別組合はほとんどストライキを行っていない。労組の「押さえ」が効かなくなってからも、システムそのものは残存し続けてきた。では、なぜこうした労使関係の変化が生じたのだろうか。そして、なぜ「今」、日本型のシステムを悪用するブラック企業が大量発生しているのか。これを考えるには日本の労働社会の構造的変化を探る必要がある。

■「就職活動」の洗脳が違法行為を受け入れさせる

第一に、労働市場の状況が大きく変わったことが要因である。ブラック企業の特徴である「選別」と「使い捨て」は、「代わり」となる若者が大量に労働市場にあふれていて、はじめて威力を発揮する。高度成長期やバブル期のように、労働需要に対して若者の数が少なければ、「選別」も「使い捨て」もできない。それどころか、人材を使いつぶす企業はあっという間に敬遠され、成長から取り残されてしまう。だから、かつて企業は競って日本型雇用を導入したのだ。ところが、現在ではそうなってはいない。労働市場では、就職ができない大卒の学生があふれかえっている。

「代わりがいる」ことが、ブラック企業の成立にとって必須の条件なのである。しかも、ただ若者が労働市場に余っているというだけではない。実は、就職活動それ自体が、ブラック企業の戦略を支える役割を果たしている。

現在の就職活動の恐ろしいところは、就職活動を通じて若者がある種の「洗脳」を受けさせられることだ。就職活動を通じて「どんなに違法なことでも耐えるのが当たり前」という心情を植えつけられる。次ページの表は、大学3年生と4年生それぞれに調査を行い、

「絶対に就職先としない企業」（男子のみ） 単位：%

質問項目	3年生	4年生
ワークライフバランスが良くなさそう	41.4	31
離職率が高い	55.5	46.6
定期昇給が無い	36.3	27.6
ボーナスが無い	47.3	39
環境に配慮していない	29.3	17.2

注：本調査は2011年1月に関東地方、関西地方のおよそ10大学の3、4年生を対象に行った。現時点で3年生から534票、4年生からは98票を回収している。今後4年生を中心に票数を増やす予定である。ここであらわされている%は無効票を除外した有効票における比率である。

「絶対に就職先としない企業」の条件について並べたものである。

「ワークライフバランスが良くなさそう」「離職率が高い」「定期昇給が無い」「ボーナスが無い」「環境に配慮していない」という5つすべての項目で、4年生は3年生よりも「絶対に就職先としない」割合が下がっている。つまり、4年生はこれらの条件をより受け入れやすいという結果になった。

また、興味深いのは「環境への配慮」といった大学生活で養ってきたであろう価値観までが奪われていく傾向である。ここには人格・価値観の大転換を迫られる様子が見え、就職活動が相当に過酷なものであることが、よくわかる。

ちなみに過労死を身近に感じる4年生は62・

8％、職場の鬱病を身近に感じると答えた者は83・7％にも上った。

私たちが受けた労働相談の中でも、大学のキャリアセンターで「契約書や労働条件のことは聞いてはいけない」と指導されているという話を何度か聞いた。就職活動を通じて「法律は守られるべきだ」という価値観すら、奪われていくのだ。

ある有名な人事コンサルタントの話はとても印象深かった。採用面接で「環境問題への御社の配慮」や「ワークライフバランスへの取り組み」について質問した学生については、全員不採用としたことがある、というのだ。彼曰く、「学生には勘違いしてもらっては困る。お前たちが企業を選ぶのではない。お前たちが企業でどれだけ利益を出せるか。それが重要なのだ」と。こうした目線に晒され続けることで、企業を通じた社会貢献の志や、労働条件についてなど、「何も言えない、言うべきではない」という思考を身に付けさせられていく。

■「自己分析」という名のマインド・コントロール

こうした就職活動の習慣は、日本独自のものだといってよい。日本の就職活動においては、「何が採用の基準となっているのか」がはっきりしないため、不採用とされた学生はひたすら自分の内面を否定し続けることを求められる。象徴的な言葉が「自己分析」である。生まれたときからこれまでの態度、自分がどういう人間であるのか、こうした抽象的な次元で自分自身を否定し、企業にどうしたら受けいれてもらえるのか考え続けさせる。ある種の精神的な試行錯誤、自己変革が求められていく。

ふつう、欧米においては、採用は職業能力を基準に行われることが基本だ。具体的にどのような職業上の能力を有しているか、経験を有しているのか、こうしたことが採用の基準である。不足があれば公共職業訓練を受けるなど、対策もはっきりしている。一方日本の企業が求める能力は、「コミュニケーション能力」というあいまいで抽象的な基準がもっとも重視され、職業上の専門性は軽視されていることが知られている。就職活動と具体的な職業能力が結びつかないために、「自分探し」を強要される構図である。

第1章のY社を思い出してほしい。彼らが「カウンセリング」でいともたやすく若者を追いつめることができたのは、すでに就職活動を通じ、「自分を責める」マインドが刷り込まれているからだ。だからこそ、第5章でみたような「戦略的」に企業を見る目線を養う必要がある。

最近流行のキャリア・カウンセラーも、まさに、「カウンセリング」を受け入れさせるという意味で、マインド・コントロールに一役買っている側面がある。彼らも、学生に「自分が悪い」ことを認めさせ、心理学的手法を用いて精神をコントロールする。「自分を見つめなおす」ことを通じて価値観や人格を「矯正」してゆくのだ。ＮＨＫが２０１１年２月７日に放送した「就活なう。」というドキュメンタリー番組においても、カウンセラーが学生に「自己分析」を高圧的な態度で迫る様子が鮮烈に描かれている。「お前たちは何も考えていない」という趣旨の物言いに対し、学生たちが泣きながらその「説教」に聞き入る映像は印象的である。学生といえども、大の大人である。22〜23歳にもなりながらまったくの子ども扱いをされ、泣かされながら自己改革を求められる。自分の人生や価値観が全否定され、それでも歯を食いしばって懸命に「企業の論理」を受容しようとする姿が、そこにはある。カウンセラーはその「手助け」をするのだ。

ただし、こうしたやり方をするのは一部のカウンセラーであることも付け加えておきたい。中には良心的に手に職をつけることを勧め、自己改革だけではなく、企業の求人開拓に奔走するカウンセラーもいるのである。だが、マスコミがもてはやすキャリア・カウンセラーは、残念ながらもっぱら精神主義で若者を追い込む側の人たちである。

いずれにせよ、こうしたもろもろの就職活動とカウンセリングを通じて、冷静な思考が剝奪され、「自己都合退職」や鬱病の罹患に至るまで、ブラック企業に盲従する若者が完成する。

■就活の「ミスマッチ」を通じた精神改造

これまでの就職活動は大学の就職課や所属ゼミを通じて行われる場合や、あるいは応募用の資料を企業の側から特定の大学の学生の自宅に送付するというところから始まっていた。こうすることで、募集の段階からある程度の選別が行われていたのである。こうして行われる選別は、確かに効率的で、ほとんどの学生がそれほど苦労せずに確実に「自分に見合った」企業へと就職していったといわれている。

ところが、近年行われる方法ではエントリーシート（ES）の受付はインターネット等で自由に行うことができる。大学も問われない。そのため人気企業（主に大企業）に応募が殺到し、これに落選した学生が徐々に中小企業、「ブラック企業」へとシフトしていくという図式を描く。

採用の時期を見ると分かりやすい。商社やマスコミなどの人気大手は比較的早い時期（5月や6月）に採用が行われる一方で、中小企業の採用はこの後にずれこんでくる。「ブラック企業」のパターンが広く見られるＩＴ業界や外食産業などは、年度の最後まで募集をかけていて、まさに「どんな条件でも」という状態になっている学生を大量に採用する仕組みになっている（そして、「使えない」者を大量に辞めさせる、使い捨てる）。

ＥＳ１枚でも書くことは骨を折る作業である。自分自身の存在を見つめなおし、「自己アピール」を書かなくてはならないこともある。多くの学生たちはこれを何百枚と書き、必死になって自分を売り込みながら、すべて否定されるという経験をすることになる。「採用の基準」があいまいであるために、不採用の理由は分からない。そこで毎回毎回自分の「自己アピール」「自己分析」をやり直す。何百回と。時にはカウンセラーに心理学的手法を用いられながら、手助けされながら。次第に就労意欲そのものが減退していく学生もめずらしくはない。学生への前出の調査で、就職活動を通じて鬱病の症状がどの程度現れているか、自覚症状についての回答をもとに集計した結果[1]、軽症６・２％、中程度

（１）意味内容に変化を与えない範囲で文言を変えているが、ＷＨＯ（世界保健機関）のＩＣＤ-10に準拠した「疾病、傷害及び死因の統計分類」の基準に則り、チェック項目を作成した。大項目２つと小項目２つに同時に当てはまる：軽症、大項目２つと小項目４つに同時に当てはまる：中程度、大項目全てと小項目４つ以上に同時に当てはまる：重症、と評価付けした。

7・2%、重症1・0%となった。

こうして、就職活動を通じて、違法行為、ブラック企業という「現実の労働条件」を受け入れる精神改造がなされていく。最近では就職活動が、学生の高望みのために中小企業やブラック企業にマッチングができていないという議論が多く見られる。ほとんどの論者は、若者が中小企業をはじめから選べばいいと主張する。だが、実際には先にみたような精神改造を経て、はじめて労働条件の低い中小企業やブラック企業に入る「心構え」が叩き込まれるのだ。現在の就職活動の仕組みは、まさに「ブラック企業のためにある」といっても、過言ではない。

■「正社員へのトライアル?」――非正規雇用の変化と永遠の競争

ブラック企業にとって「代わりはいくらでもいる」という追い風が加わったもう一つの要因は非正規雇用増加とその変化である。「労働力調査」(総務省)によると、2000年から2011年にかけて、15歳から24歳の労働者の内、非正規雇用の割合は、男性で19・8%から29・4%に、女性で、27・0%から37・7%に増加しており、特に若年層で非正規雇用が際立って増加している(学生を除く)。そして、その内実も大きな変貌を遂げている。

従来の非正規雇用はパート、アルバイトが主要なもので、これは主に「主婦」や学生、定年後の高齢者に担われていた。そのためパート労働は「家計補助型」と呼ばれているように、自らの稼ぎだけで生活を維持するわけではないものと扱われた。彼らの賃金は「小遣い」のように扱われ、到底生活が可能な水準ではない。彼らは夫や両親、年金など自らの労働による収入以外に主要な生活費の源泉を持っていると「想定」されていたのだ。

これは、男性社員の日本型雇用と表裏一体の関係にあり、本来許されない賃金水準の雇用が、一部の人々（「主婦」、学生、高齢者）の場合には例外的に許容されるという構図がとられてきた。非正規雇用は正社員のようにメンバーシップが与えられない代わりに、比較的命令が緩い。その分多くの場合、業務の内容で正社員との「すみわけ」がなされており、非正規雇用が増えても、正社員の労働条件に影響を与えるようなことは避けられてきたのだ。

ところが、近年こうした非正規雇用の構図が崩れてきた。「家計補助型」ではない「家計自立型」と呼ばれるような非正規雇用がこの間急激に増加している。1997年には208万人であった家計自立型非正規雇用は、2007年には434万人にまで増加した。

家計自立型非正規雇用の特徴は、従来のパート労働等よりは若干時給が高く1000円前後、月収は20万円前後と「ぎりぎり」生活できる水準にあるということだ。これらの雇用は「パート」とは区別されて、「契約社員」「派遣社員」という新しい呼び方がつけられていることが多い。

こうした新しい非正規雇用は主に若者の間に広がっており、新卒から契約社員、派遣社員ということも決してめずらしくはない。

家計自立型非正規雇用の若者は、従来のパートなどとは異なり、家計を自らまかなわなければならない。そのため、場合によっては配置転換や残業なども受け入れる。こうした家計自立型非正規雇用の増大は、これまでとは違ったレベルで正規雇用へのプレッシャーを増大させた。「低コスト」「いつでも解雇できる」にもかかわらず、生活を自立させるために高度な指揮命令も受け入れる非正規雇用の存在は、「正社員」の存在を脅かすのだ。

このことを顕著に示すのが、「非正規雇用のトライアル化」である。以前の非正規雇用とは異なり、現在の若者の多くは正社員になるための「トライアル（試用）」期間としての位置づけを、陰に陽に付与されている。正式に「試用期間」として非正規雇用で契約している場合もあれば、「がんばれば正社員になれるかもしれない」という漠然とした期待を与えられている場合もある。

どちらにしても、非正規雇用が「トライアル」期間になるということは、「このままではいられない」ということを意味する。正社員になるための「努力」を、常に非正規雇用も迫られる。非正規雇用のトライアル化は、例えば労働者派遣法の中にも現れている。近年導入され、特に批判の強い派遣形態に「紹介予定派遣」があるが、これは、まさに正社員を目指すために派遣される制度だ。そして、新卒の就職先として、紹介予定派遣が用いられることも増えているのである。

派遣や契約社員が正社員を目指す過程では、正社員なみの「無限の命令」を引き受ける必要がある。労働相談の中では「紹介予定派遣で働いているが、派遣先からサービス残業を強要される」といった相談も寄せられる。もちろん、「トライアル」の非正規雇用者も待遇は非正社員のままであるし、正社員として採用されるかどうかはまったくの未知数。新卒紹介予定派遣の一部しか正社員に採用されておらず、しかも、はじめから採用枠が限られている中に、大量の新卒を「派遣」で送り込んでいるといわれている。

このように、若者の非正規雇用は家計自立型であると同時に、常に正社員を目指すことを求められ、「無限の指揮命令」の受け入れを要求されることも少なくない。若者は「非正規に安住する」ことすらできなくなってきたのだ。ブラック企業にとっては、非正規雇用を「トライアル」させて、使えなければ辞めさせる。「代わり」は新卒からいくらでも補充できる。また、「トライアル」から良い者を選抜することで、いつでも既存の正社員の「代わり」が補充できるために、既存の正社員を退職強要の対象として、辞めさせることもできる。こうして、非正規雇用の「トライアル」化は、ブラック企業に「代わり」を供給する。

正社員も非正社員も、同時に競わせ、「選別」し、「使い捨て」る。「入社後もつづくシューカツ」は、非正規雇用まで広がりを持っており、正社員と非正社員相互が永遠に続く生き残り競争を強いられる。こうした労働市場全般を通じた競争圧力こそが、ブラック企業による若者の使い潰しを可能にしているのだ。

労使関係の変化で言うと、従来の非正規雇用は、日本型雇用を守り、補完するものだった。非正規雇用をいつでも解雇できる分、正規雇用を守ろうというのが日本型雇用システムである。ところが、その非正規雇用が新卒にまで拡大し、正社員と競争させられる構図となることで、日本型雇用システムそのものを侵食する存在になったということだ。

■雇用政策がブラック企業を支える

政府の雇用政策も、ブラック企業を支えてしまっている側面がある。先ほどの就職活動の仕組みや、紹介予定派遣の導入もその例であるが、それだけではない。失業時の雇用保険の受給期間や支給要件は非常に厳しく、失業者の２割しかカバーしていない。これは、先進国では異例の状態だ。もちろん、自己都合退職に追い込まれた若者がここから排除されている問題もある。

さらに、雇用保険でも対応できない場合に、生活保護の受給がきわめて困難であることも、労働市場での競争圧力を強めている。第６章でも紹介したように、ブラック企業で鬱病を発症すると、生活保護まで「転落」してしまう事例が後を絶たない。だが、逆にいうと、生活保護を容易に取得できれば、鬱病になる前に果てしのない競争から撤退することができるのだ。そうすれば、むやみに鬱病を社会に蔓延させることを避けることができる。若者の労働市場の「撤退圧力」が形成されれば、企業は健全な労働環境での経営を模索せざるを得ず、結果として産業全体が民主化される機運となり得る。だが、日本の雇用政策は、こうした措置をとっていない。

■日本型雇用を「いいとこどり」する新興産業

ブラック企業の「パターン」が顕著に見られるのは新興産業においてである。日本型雇用は製造業を中心に発展してきたが、新しい業態であるコンビニエンスストアや近年参入した新興の外食チェーンでは、そもそも日本型雇用の規範意識を有していない。

高度成長期に製造業などで形成されたような、社員と会社の間でも日本型雇用を守るという明確な合意や、これを破った場合には会社に責任を取らせるという文化が、そもそも成立していない。だから、新卒を欺き、命令だけは過剰に、しかし雇用は保障しないという、これまでの日本型雇用の「いいとこどり」ができるのだ。

また、同じく新興産業であるIT企業はこの傾向がより顕著である。IT労働者は「強い労働者」とされることが多いが、実際の労務管理でもアントレプレナーシップ（起業家精神）を要求される。これは労働者にも強く受容されており、企業に生活保障を求める文化は労使双方に乏しい。今日、巷でブラック企業と呼ばれる中にIT企業が多いのは、このためである。

これらの業態の企業は就職活動においては、X社のような超人気企業を除いては、特に後半の時期まで採用を続けている場合が多い。そこで、就職活動で十分にマインド・コントロールされた学生を、大量に採用し、「選別」と「使い捨て」にかけるのだ。

先ほども述べたように、製造業などの老舗企業では、「使い捨て」は非正規雇用を拡大する中で行われてきた。パートや期間工といった、正社員とのすみわけがはっきりした非正規雇用を大量に活用することで人件費を抑え、一方で正社員を保護してきた。だが、新興産業では従来型正社員の規範すらなく、はじめから正社員を使い捨てる。非正規雇用の位置づけも、そうした正社員と競争させる「トライアル」へと変貌している。

■単純化（マニュアル化）・部品化する労働

こうした新興産業を中心としたブラック企業の労働の特徴は、「単純化（マニュアル化）」と「部品化」にあると指摘できる。従来の店舗経営とは異なり、コンビニ、小売り、飲食店での業務の場合には、経営の高度な自己判断や、着想が必要になるのではない。ただひたすらマニュアルを暗記し、「上からの指示」に従う。X社の事例がまさにそうであった。

こうしたマニュアル労働が発展しているために、勤続期間が延びたとしても、若者がブラック企業にとって「欠くことのできない人材」になっていくことはない。IT労働にしても、業務の内容が企業を超えた資格制度によって比較的一般化していることが特徴となっている。

また、マニュアル労働という意味では、第6章で紹介した介護労働にも当てはまる。すでに述べたように、福祉の労働は、本来専門性を高めるべきである。だが、ブラック企業は逆に業務を単純化し、マニュアルの範囲内に押しとどめる。そのことによって仕事そのものをも細切れにする。こうすることで、サービスは劣悪になるが、収益は確実になる。そして、これによって労働者の側をいつでも交換可能な存在にする。だから、介護職の労働者の賃金は極端に安く抑えられているのである。介護労働者の場合にも、単純労働と長時間労働の繰り返しの末に、健康を害してリタイアすることが少なくない。

業務の単純化によって、代えが利くからこそ、膨大なノルマを課し、耐えられなければ実際に入れ替えることができるわけだ。IT労働の場合には、マニュアル労働を体力の続く限りこなし、35歳には定年を迎えるとさえいわれている。確かに、X社にせよ飲食店にせよ、ブラック企業の共通点は若い社員ばかりだということだ。正社員で採用されたとしても、多くは体力が続かずに会社を去っていく点では一致している。そして、若く、健康な労働者を新卒で採用し、またマニュアルを叩き込めばよい。

これに対し、本来の日本型雇用は、ＯＪＴと長期育成によって企業内に欠くことのできない人材育成を行うことが一般的だった。労働市場が逼迫していたがゆえに、大切な人材を有効に使い、高い生産性を上げることを目標とせざるを得なかったのである。逆に、人材がいくらでもいる中で行われるマニュアル労働は、社会一般の技能水準を引き下げていく。その結果、業務の質を画一的なもの、限定的なものにしてしまうだろう。こうしたことの問題は、第6章で消費者にとってのブラック企業の弊害として見たとおりである。

■労使関係の不在と「休職ネットワーク」

日本型雇用からの逸脱が、ブラック企業の起源だということを述べてきたが、日本型雇用とは、労使の合意であった。このような意味では、ブラック企業の雇用とは、労使関係の解体ないし変容の中で発生した雇用類型として考えることができる。それは、日本型雇用の正社員や、これとセットになっている非正規雇用と同様である。

それが企業別組合に支えられていたのに対し、こうした新しい労使関係においては、従来の企業別組合は何の役割もはたしていない。例えば、X社では、労働組合が長時間労働で退職せざるを得なかった労働者の相談に乗るのではなく、同僚同士の相談のネットワークが、医師の診察と休職をお互いに情報として共有する手段となっていた。

ブラック企業においては、労働組合を通じた本来的な労使関係は成立せず、インフォーマルな、さまざまな労使関係が形成される。そして、そうしたインフォーマルな労使関係は、日本型雇用のような、健全な労使関係制度の形成にはむかわず、むしろ既存の約束事を逸脱するために悪用される。

X社の同僚の間で「診断書をもらったら休める」という情報が伝わった「休職ネットワーク」は、X社が労災補償を逃れ、雇用保険や健康保険に自らのコストを転嫁するための格好のツールとなっていた。

■「ブラック士業」の登場

さらに、この間深刻なのは、悪徳な社会保険労務士や弁護士が、ブラック企業と労働者の間に介在するようになってきたことだ。かれらはブラック企業が用いるさまざまな「パターン」を企業に唱導し、普及させる。紛争を「ビジネス」と考えて、盛んに日本型雇用の「悪用」の仕方を説くのである。

私たちの相談には、辞めようとしたら弁護士から損害賠償請求の書類が送られてきたり、残業代を請求しようとしたら、逆に弁護士から脅された、という相談が数多く寄せられている。

こうした背景には司法制度改革で弁護士の数が激増したことがある。2000年に1万7126人だった弁護士の登録者数は、2011年には3万485人になった。ロースクール制度が整備され、大量に新規登録者が生み出された結果である。だが、急激に増加した弁護士の受け皿は増えていない。そもそも、当初「地方で弁護士が不足している」ことが、増員の理由の一つにあげられていたが、新規登録者の多くは東京近辺など大都市部にとどまっている。その結果、弁護士資格をとっても弁護士事務所に就職することができないものがあふれかえっている。また、弁護士事務所そのものが「ブラック化」している。

今年弁護士登録した（第64期）の弁護士に話を聞くと、すでに周りの同期が何人も弁護士事務所を「自主退社」しているという。その経過はブラック企業と瓜二つである。相談者のプライバシーを保護するために、相談室のドアを閉めていたところ、「外から相談の様子が見えないと、何が起こるかわからない。非常識だ」（おそらく、開けていても同じことを言われるだろう）と激しく叱責されたり、できるはずのない高度な訴状の作成をいきなり命じられる。そして、昼休みにも高度な法律の問題で質問攻めにして追い込む。ある女性弁護士は、見るからに痩せ衰えて、「自分は仕事ができない人間だ」というようになり、性格まで変わってしまったという。こうして、知り合いの内何人もが同じように弁護士事務所を去り、中には弁護士登録をやめてしまった人も出ているという。

弁護士事務所の場合にも、利益を出すために、ひたすら事務的な仕事を新規登録者にやらせて、「使えない」と判断すると、すぐに切る。こうして大量の弁護士が仕事にあぶれている。また、その過程で使命感や倫理観も失っていく。そうした弁護士たちが、ブラック企業の労務管理に介入していることは想像に難くない。

実際、かつては弁護士の業界は狭く、誰がどこに事務所を構え、どんな仕事をしているのかは、お互いによく知っていた。だからこそ、悪評もすぐにたち、なかなか無理な仕事はできなかった。だが、現在では同じ弁護士会の会員でも、まったく知らぬものが増えたという。

私の経験でも、完全に違法な行為に若い弁護士が加担してくるケースはあとを絶たない。時には、まったくでたらめな損害賠償の請求書類に何人もの弁護士が名前を連ねて送ってくる。「脅し」のつもりなのだろう。

また、同じように、社会保険労務士の劣化も深刻である。弁護士ほど顕著ではないが、社会保険労務士の合格者数は、1998年の2327人に対して、ピークの2004年には4850人にまで急増している。その背景には、受験者数の増加がある。資格取得がブームになり、「手ごろ」な資格として人気を博している。転職経験者などが、「とりあえず」とる資格として普及しているのだ。

ところが、社会保険労務士の資格をとったからといって、すぐに開業して生計を成り立たせることができるというわけではない。新規開業者の多くは、食べることにすら必死なのが実態である。

そこで目をつけたのが、「労使紛争」の分野である。本来、労使紛争は労働組合や弁護士といった専門家が支配的な分野だったのだが、社会保険労務士の数の増大とともに、ここに「ビジネスチャンス」を見出そうという機運が高まっていった。全国社労士連合会としてもこれを推奨し、「特定社会保険労務士」という一部の紛争で代理人を務めることができる制度も整備された。

ところが、社会保険労務士は、弁護士のように労働法を熟知しているわけではない。労務管理の「プロ」といっても、それは保険関係の処理などに限定されており、複雑な契約論・法律論を学んでいるわけではないのだ。

そうした中で、自覚的に「ブラック」な稼業に手を染める社労士も現れてきている。ある社会保険労務士のホームページには、次のように書かれている。

「会社はすべての法律を守りますと約束する必要なんてありません!」

「健康を維持するのは労働者の責任です!」

でたらめもはなはだしいといわざるを得ない。会社は法律を守る必要があるし、業務との関係における健康の維持は、使用者側の責任である。

では、彼ら「ブラック士業」が労使紛争に介入するとどうなるのか。先ほどでたらめな損害賠償請求が行われるといったが、それだけではない。まず、残業代の不払い請求にせよ何にせよ、「すべて拒否する」ことを会社の社長に進言する。仮に、会社側に違法行為があったとしても、極力隠す。そして、のらりくらりと相手を無視し、若者の側が「諦める」のを待つようにする。

その際、いろいろな「嘘」をついて、あたかも請求する権利がないかのようにいう。多くの人はその時点で諦めてしまうだろうが、それでも争う人がいる場合には、徹底的に争いを長引かせ、法律どおりの運用を妨げる。

この紛争の長期化を通じて、彼らは会社から多大な報酬を受け取るのである。つまり、正しい法律の指南をするのが彼らの目的ではない。争いを炎上させ、そこに付け込んで利益を上げることが目的なのである。彼らが「労務屋」といわれるゆえんである（ただし、多くの弁護士や社労士は法律に基づいて業務をし、経営者が健全な経営をするように指南している。こうしたブラック士業が現れて、もっとも困っているのはかれら、まともな経営側のコンサルタントかもしれない。また、数は少ないが「労働側」の社労士も存在する。彼らの活躍に期待したい）。

このように、労使関係の不在というのは恐ろしい状況である。使用者にとっても、解決の糸口が見えず、違法な行為に加担させられていく。いたずらに紛争の経費だけが増大し、日本社会全体の生産性をも引き下げていく。

若者にとっては、こうした労務管理が横行することで、先が見えず、働き続けるモチベーションを引き下げる。ブラック士業がロシアンルーレットのように、いつ自分の会社に襲い掛かるのかも、分からないのである。

休職ネットワークにせよ、ブラック士業にせよ、従来の日本型雇用を支えてきた労使関係の解体は、新しいインフォーマルなそれにとってかわってきており、それがブラック企業を支え、広げる役割を果たしている。

■中小企業がブラック化する構図

中小企業の労使関係についても同じことがいえる。よくブラック企業と労働条件の低い中小企業の問題が混同されがちである。つまり、「昔から中小企業の労働条件なんて、そんなものだった」という主張だ。

そもそも、日本型雇用が労使関係によって強制されていたのは、全体の6％程度だともいわれる。圧倒的多数は中小企業に勤めており、企業別組合の存在もままならない。そうした中小企業では、昔から日本型雇用の社会的合意を背景とした指揮命令権が濫用されがちだった。濱口桂一郎氏の『日本の雇用終了』によれば、労働組合不在の中小企業では、法律すらまともに守られず、解雇の規制の水準はまったく低い次元にとどまっている。

確かに、中小企業の労働条件は従来から低く、日本型雇用が完全に成立してはいなかった。だが、社会の趨勢は、人材を大企業が獲得し、中小企業はその転職者や大企業に採用されない新卒を採るという関係にあり、大企業に「似せた」人事を行うことによって、なるべく良質な人材を確保しようと努めていた。つまり、大企業との人材獲得競争にさらされていたために、日本型雇用にちかづけた労務管理を行う必要があったのだ。このことは、大企業で成立した日本型雇用を守ろうという労使関係が、中小企業まで間接的に波及していたことを意味している。

ところが、現在では大手新興企業が日本型雇用を放棄している状態だ。こうした状態にあっては、中小企業でも以前と同じような人事労務を行うモチベーションは低下しているとみてよいだろう。すなわち、大企業での日本型雇用の解体は中小企業にまで波及し、「ブラック化」する構図にある。本章の就職活動を論じた個所で、ブラック企業と中小企業を同列に論じたのはそのためだ。もちろんすべての中小企業がブラック化したとはいわないが、少なくともそうした傾向を持っていることは否定できないだろう。

■従来型大企業まで引きずられる

さらに、これまでは日本型雇用を守ってきた製造業大手でもブラック企業の「パターン」と同じ相談が寄せられるケースが出てきた。特に、リーマンショック後は、彼らも「ブラック企業の技術」を導入して、若者の大量解雇を行っていたようである。

2010年にうけた、ある労働相談の内容は凄惨だった。会社は有名な老舗大企業Z社。

日本型雇用がしっかりと守られているはずだった。その企業に、彼は総合職として新卒・本社採用された。だが、２００９年に入社してすぐに子会社に出向を命じられ、研修などを受けるまもなく日々雑用をさせられた。「いじめ」ともとれる状況の中で、彼は自ら自己都合退職した。当時、多くの同期が同じような状況だったという。

なぜそのようなことがおきたのか。また、Z社ほどの大企業であれば、当然ニュースになっても良い。そこで思い出したのが、２００９年入社という点である。当時、リーマンショック直後の先行き不透明の中で、一部の企業が「内定切り」を行い、社会問題となった。だから、このリスクを回避しようとしたのであろう。この老舗大企業では、内定者を切るのではなく、入社させ、自分の企業の社員にしてから、じっくりと「指揮命令権」を行使して退職へと追い込んだのである。

そして、この方法は奏功した。実際に、新卒の大量解雇をZ社が発表していれば、大きなニュースとなっただろうし、企業イメージはかなり落ちたに違いない。今後の新卒の採用でも、優秀な学生に敬遠された可能性もある。だが、ブラック企業の「技術」を行使することで、この企業は事実を隠蔽し、これらのリスクを全て回避することができた。

この事例からは、どんな企業でも、いつでも「ブラック化」することができ、これをとめることができないのが現状だということが、良く分かるだろう。

もちろんそれは全面的にではなく、ロシアンルーレットのように行使される。そのため社会全体には表面化しにくい。しかし、老舗大企業においても、確実に労使の信頼は揺らいでいるのである。

第8章　ブラック企業への社会的対策

■間違いだらけの若者対策

ここまでで、第Ⅱ部を通じて、ブラック企業問題が日本全体にとっての「社会問題」であることをご理解いただけたことと思う。では、ブラック企業による若者の「使い捨て」に対して、政府や社会は有効な対策を打っているのだろうか。残念ながら、まったく遅れをとっているといわざるを得ない。

政府や社会がブラック企業問題で遅れをとっている最大の要因は、現状に対する認識が誤っているからだ。本書の冒頭で示したように、政府や学者の基本的な思考枠組みは、「若者の意識の変化」で雇用問題を捉えるという傾向にある。若年非正規雇用や失業の問題を「フリーター」や「ニート」問題へと矮小化してきたことがその現れである。そして、ブラック企業問題に対しても、彼らは同じように「若者の意識」さえ改善させれば、解決する問題だと考えている。

だが、若者の「意識」を問題にする一方で、政府は非正規雇用を増加させるため規制を緩和するなど、積極的に変化を引き起こしてきた。財界にしても、たとえば、1995年に旧日経連が出した有名な報告書では、日本型労使関係を「高コスト体質」であると断罪し、これからは従来とは異なるモデルを作るべきだと提案している。そこでは従来型正社員である「長期蓄積能力活用型」に加えて、「高度専門能力活用型」「雇用柔軟型」の3種類に雇用を分け、「長期蓄積能力活用型」は減少させるべきだとされている。

さらには、2005年に経団連が残業代不払いを合法化する制度、「ホワイトカラーエグゼンプション」の制定を提案するなど、ブラック企業を取り締まるというよりは、これを後押しすることに躍起になっているようにさえ、見えるのである。

これらの問題は、日本型雇用の「いいとこどり」を財界も総じて狙っているということである。「新しいモデル」といいながら、日本型雇用そのものを否定はしないし、これまでの悪弊であるサービス残業は合法化しようとする。もしまったく新しいモデルをつくるというのなら、雇用保障や年功賃金と引き換えの強大な「人事権」や、これを通じた違法行為の横行への取り締まりをも視野にいれる必要がある。しかし、新しい「モデル」の核心は残業代の不払いや日本型雇用の補完物である非正規雇用の増大なのである。

その結果が、日本型雇用をベースとした労使関係の変化であり、すでにみた「いいとこどり」を通じたブラック企業化である。だがそれを「意識」の問題へと矮小化する。

たとえば、パワーハラスメントの増加に対する厚生労働省の認識に、これが端的に現れている。2012年5月の厚生労働省の発表で、11年度の全国の労働局が受けた相談事例の中で、「パワハラ」に関するものが前年比およそ17%増の4万6000件と、過去最高に上ったのだが、これについて「かつては指導だと理解されたことをパワハラだと受け止める人が増えたのではないか」と分析したというのだ。この数値は、統計を取り始めた9年前のおよそ7倍に上るにもかかわらず、これを「受け止め方」の問題として解消しようとする。

また、最近流行の「新型鬱」という物言いにしてもそうだ。先日(2012年4月、9月)放送されたNHKスペシャルの「職場を襲う〝新型うつ〟」の特集は、明らかに若者がわがままで、通常の指導でも鬱病を装って困っているという内容だ。

パワーハラスメントにしても、新型鬱にしても、「最近の若者は叱られた経験が少ない」ことが変化の原因としてよく用いられる。だが、仮にもし何らかの新しい「若者特有の精神的傾向」があるとしても、私がここまで述べてきたような、客観的な社会構造を背景とした「企業の側の変化」を同時にとらえなければ、辞めてしまう若者や鬱病になってしまう若者の問題に対処することは、まったくできないと断言できる。

こうした認識の誤謬の上に立てられる「若者政策」は状況を改善するどころか、悪化させ、あまつさえブラック企業の肥やしとなっている。いくつか挙げていこう。

■「キャリア教育」がブラック企業への諦めを生む

まず、教育問題への問題の矮小化である。内閣府の若者雇用政策を検討する「雇用戦略対話」では、すでにみたような若者の厳しい離職状況を問題提起し、これに対応するためには「キャリア教育の充実」が必要だとする。つまり、「辞める若者」に対しては、きちんと職業意識を持たせなければならないという。

その根拠としては、「大学に入っても職業を意識していない、又は大学に入ってから意識した者は、自分の適性や就きたい職業等で悩み、社会に出ることに不安を感じている傾向」があり、そしてインターンシップ（学生等を対象とした就業体験）経験者が1割に満たないことを指摘する。だから、「職業に対する意識」の低下こそが、若者が辞めてしまう原因だというのだ。

ここから導き出される対策は、各学校における「キャリア教育の原則初年次からの実施」となる。その具体的な内容は、従来の「職場体験」教育を拡充し、低年齢の内から、職業体験の時間を設けたりすることで、仕事に対する「意識」を高めようというのだ。確かに、職業選択において企業規模やブランド・イメージにとらわれることなく選択することやそのための準備を行うことは重要である。

だが、こうした体験学習をしたからといって、健全な就職先が見つかるわけではない。「出口」のない中で職業体験・職業意識を養うことは、結局「規律」ばかりが追い求められる結果になる可能性がある。「あいまいな職業意識」の涵養は、結局はブラック企業が悪用している日本型雇用の弊害を強化しかねない。ただ仕事に対する「意識」だけを子供の内から繰り返し刷り込むことで、かえって企業内の「あいまいで強大な指揮命令」を強めてしまう恐れがある。

本来キャリア教育には、権利教育としての側面もあり、これによって違法状態への対応能力を身に付けさせることもできるはずだ。ブラック企業は最大の「キャリアの敵」なのであるから、ここから身を守る方法を、子供たちに教えるべきだ。

ところが、なぜか政府の「ワークルール」とは、子供に権利を教えることではなく、企業の「厳しさ」を教えることを指すようである。文部科学省が２０１１年12月に発表した「学校が社会と協働して一日も早くすべての児童生徒に充実したキャリア教育を行うために」と題する教師・家族を対象とした資料の中では、働くことの「権利と義務」を教えるべきだとしながら、権利の内容についてはまったく触れられず、「〝世の中の実態や厳しさ〟を伝えることの重要性」を複数の項を割いて、強調している。ただでさえ厳しいブラック企業に対して、国家も一体となって若者に「厳しいのだ」と諦めを強要する構図である。

すでに就職活動が若者を追い込んでおり、鬱病罹患者や、自殺者が増加している。ましてブラック企業ばかりが「出口」で待ち受けている中で、抽象的な働く義務や意識だけを高めていったらどうなるだろう。若者は、就職活動やブラック企業の中で、「違法なことでも耐えなければならない」と再三にわたって教え込まれ、受け入れている。そして、自分たちの結婚や育児、出産さえも惜しんでブラック企業に奉仕しているのである。これ以上「耐える精神」を学ばせても、日本の生産性や社会の発展には絶対につながらない。

■就職活動「支援」による「諦念サイクル」

次に、就職活動に対する対策を見ていこう。就職活動が若者をマインド・コントロールすることはすでにみた。しかし、昨今の就職活動への対策は、これを強めかねない。

この間とられてきた対策の主要なものを挙げると、第一に大学が留年や卒業延期に対する補助を行うことである。大学ごとに、学費を半額にするなどして、新卒としての就職活動を延長できるように取り計らった。

第二に、就職活動が思わしくない学生は入学の容易になった大学院への進学を選択できるようになった。背景には制度改革による大学院枠の大幅な拡充がある。大学院への入学目的が研究や専門性の獲得ではなく、専《もっぱ》ら就職活動をやり直すためだということは決してめずらしくない。かなりの割合の学生が、この目的のために大学院を利用している。

第三に、大学院進学にかかる費用は、金融機関の投資を得て肥大化した有償奨学金制度が支えている。従来よりも格段に審査が緩まり、容易に借り入れが可能となった。しかし、奨学金はあくまでも「借金」であるため、借りれば借りるほど、その後の生活が厳しくなる。実際私たちには、奨学金の返済ができないため転職を考えている、あるいは生活保護を考えている、といった相談まで寄せられている。

第四に、大学におけるキャリア・カウンセラーの人員を2倍に拡充し、大学生の「選択」に助言を与えている。すでに述べたように、カウンセリングを媒介とした「選択」は、心理の襞の奥深くへと踏み込んだ「選択の結果」の受け入れを促進する恐れがある。

以上、4つの制度について簡単に紹介した。これらは繰り返し新卒採用を目指すことを制度的に支援し（奨学金）、継続し（留年、大学院）、効率化を図る（キャリア・カウンセラー）というように、共通して現状のシステムの補完物であることがわかる。就職活動を継続し、何度も繰り返すことで、若者のマインド・コントロールを強め、最後にはあきらめさせるのである。

大学4年生の時点で思うような就職先が得られなければ、もう一度留年して就職活動を行う、まただめなら奨学金を借りて大学院へ進学する。それでもだめなら、いよいよ自分には能力がないのだから、どんな労働条件でも受け入れるしかない。非正規雇用でも、トライアル雇用（後述）でも受け入れるしかない、といういわば「諦念サイクル」がこれ等の「対策」によって、形成されている（次ページ、図3参照）。

就職活動に対するこうした対策は、個人に着目して、なるべく就職のチャンスを増やそうという発想の中で生み出されている。だが、社会全体の視点に立ってみると、結局は諦念を強め、ブラック企業を利する結果となりかねない。

■トライアル雇用の拡充があぶない

さらに、こうした就職活動政策とも連動し「トライアル雇用」をさらに広げていくこと

図3：就職活動の諦念化サイクルと就職支援による促進

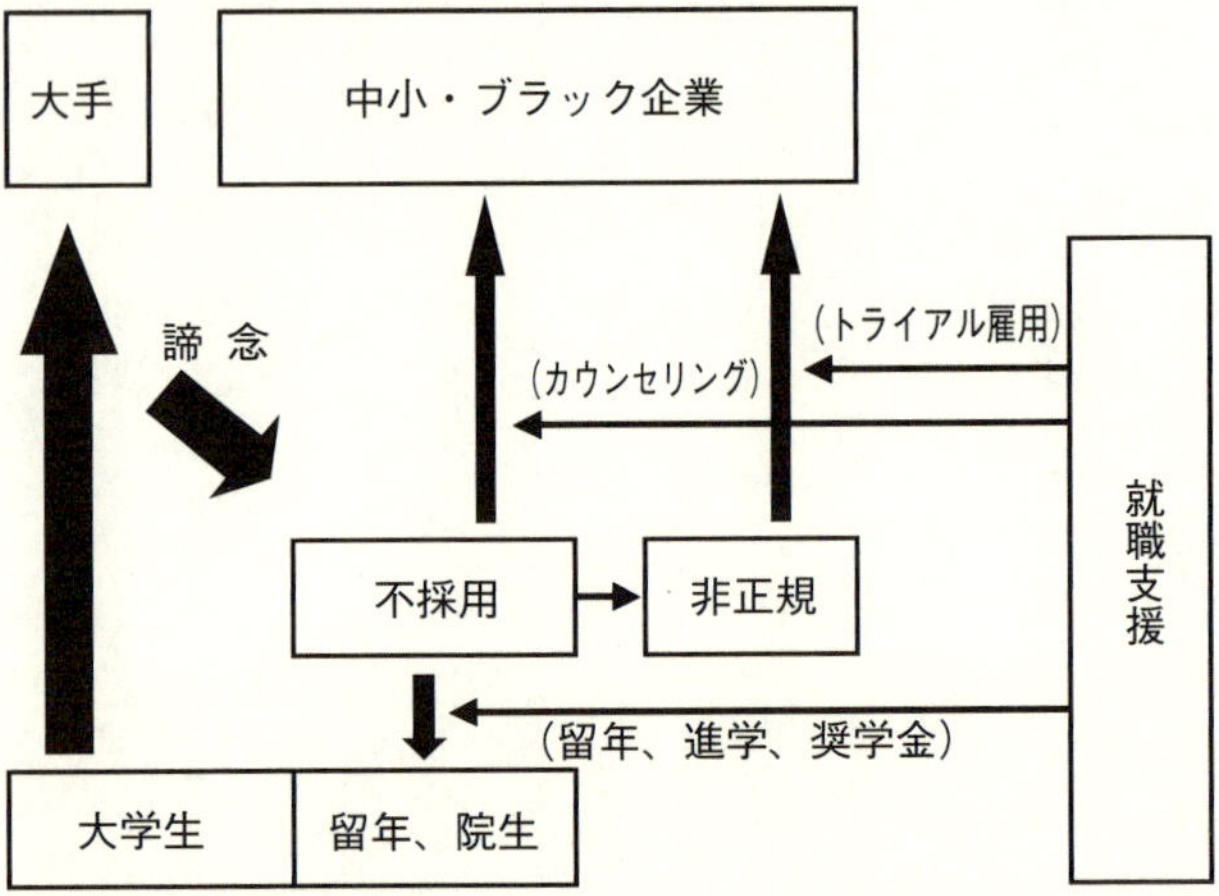

が、政府の若者政策の柱となっている。内閣府の「雇用戦略対話」の中でも、トライアル雇用は重要な位置づけを与えられていた。だが、これは前章でも述べたように、労働市場での競争圧力を強め、結局は「新卒の価値低下」を引き起こしてしまう。

「新卒インターンシップ」という新しい制度も導入された。制度の概要は就職に失敗した新卒を政府が労使双方に補助金を出して6ヶ月間「インターンシップ」をさせるというものだ。新卒インターンシップは、まさにトライアル雇用制度を拡充していくという位置づけである。従来のトライアル雇用は3ヶ月を上限とし、雇用関係も成立した。これに対し今回の新卒インターンシップは6ヶ月に上限を延ばし、雇用関係は成立しない。「新卒」を対象とするにもかかわらず、従来のトライアル雇用よりもさらに不安定な状態で競争を強いる制度設計になっている。

ブラック企業の「パターン」で見た試用期間での自由な解雇に加え、さらにはトライアル雇用や新卒インターンシップの普及によって、新卒採用の社会的価値そのものが大きく揺らいでいる。ブラック企業の「パターン」を、政策的に後押ししているともいえよう（ただし、トライアル雇用も使い方しだいではよい効果を持ちえる）。

以上のように、ブラック企業に対する政策も、社会的に提案されている対策も、逆にブラック企業の悪行を強めてしまう可能性がある。就職活動を繰り返すことや、トライアル雇用については、「個人」としてブラック企業を避けようというときには、役に立つかもしれない。だが、社会全体でみると、実は適切な対策とは言えない。これらは、「社会問題としてのブラック企業」を引き起こしている社会構造を強化してしまう恐れがあるのだ。

もっと巨視的な視点に立つなら、若者の権利を擁護し労使関係を再生することが、日本全体にとって望ましい。本来、法的な権利の理解によって、予測可能性を高めるような交渉力を労働側が持つことで、ルールが正常化し、企業経営の効率性も上昇する。労使の疑心暗鬼状態の改善は、国家政策・産業政策としても本来は最大の関心事でよいはずなのだ。

ましてて、ブラック企業の問題は、少子化や社会全体の荒廃に至るのである。もしも、「権利ばかり教えると、就職できなくなる」とか「経営効率が落ちる」という倒錯した認識を有しているとすれば、一国家の労働政策としては極めて未熟であるといわざるを得ない。

■本当に必要な政策――業務命令を制約する

では、本当に必要な対策は何か。ブラック企業を生み出した構造を見れば、その答えが見つかる。ブラック企業は日本型雇用の延長に発生していた。そして、その際にもっとも重要だったポイントは、雇用保障と引き換えだったはずの過剰な指揮命令権が独り歩きしているということであった。また、こうした構図を補完するものとして、「代わりはいくらでもいる」という労働市場の状況が政策的に放置されている。そして、失業者・非正規・正社員の間での競争が政策的に強化されているという問題があった。

これらに対処するためにはどうすればよいのか。まず、日本型雇用からの脱却を図るべきである。そもそも日本型雇用とは、企業ごとに正社員（その多くは男性）だけにメンバーシップを与え、彼らだけに雇用保障と福祉を与えるという仕組みである。したがって最初から限定的・閉鎖的で、さらには差別的な雇用なのである。そして、ここに国家の福祉が大きく依存していたこと自体に、日本社会のゆがみがある。

まず、日本型雇用の弊害を縮小するためには、労働時間規制や業務命令に対する制約を確立していくことが重要である。特に労働時間規制は、過労死や鬱病の問題を考える上では、もっとも喫緊の課題だといえよう。この点で参考になるのは欧州の政策である。ＥＵでは最低休息期間についての制度が整備されており、退社してから次の出社まで、最低連続11時間の休息を義務付けている。日本でも民主党が政権交代を行う際にマニフェストの補足版の中に加えていた。こうした政策が日本でも実現すれば、かなりの状況改善につながるだろう。また、将来的には仕事の内容に基づいて命令のあり方を制約することが必要になってくるが、これを実現するには多くの時間と工夫が必要だろう。

当面の指揮命令権の制約という意味では、労働時間規制を中心として、パワーハラスメントの防止までを含み「過労死防止基本法」を早期に制定する必要がある。過労死や鬱病を出した企業に対して、国家として厳罰を科していくというのも一つの方法だろう。過労死防止基本法についても、その制定の必要性自体は多くの国会議員が賛同しているところである。

次に、労働市場政策として早急に実施すべき政策は、失業対策と非正規雇用規制である。若者の「代わりはいくらでもいる」という状況を改善し、労働市場圧力を緩和するためには、ぜひとも失業者への対策が必要だ。雇用保険制度を拡充すると同時に、失業中に具体的な仕事を身に付けられるだけの職業訓練施策を準備する必要がある。現在、日本が公的な職業訓練にかけている費用は、欧州主要先進国と比較した場合、GDPに占める割合で、実に5から10分の1に過ぎない。これも、従来は日本型の長期雇用とOJTがあるために、国家は手を出す必要がないとされてきたからだ。

また、非正規雇用に関しては、派遣、特に紹介予定派遣やトライアル雇用を即刻見直すべきだ。これらは新卒の価値を低下させ、ブラック企業による若者の「選別」と「使い捨て」をやりやすくしてしまう制度である。ただし、一つだけ補足しておくと、確かにトライアル雇用がまったく効果がないわけではない。採用を躊躇している企業に、実際に「試用」させることで、就職効果が一定は期待できる。だが、そのための条件は、補助金目当ての企業やブラック企業を行政や市民（労組やNPO）が強く監視することである。何度も繰り返し述べたように、ブラック企業は自社の利益の拡大のためなら、制度の趣旨を捻じ曲げることなど、なんとも思わない。制度の趣旨を適切に運用するためには、戦略的な運用が欠かせないのである。

■「普通の人が生きていけるモデル」を策定

さらに、持続可能な賃金と社会保障のモデルを策定する必要がある。日本型雇用が失効した今、労働側のみならず、企業の側も受け入れ可能なモデルを策定する必要があるからだ。若者の側も、ただ「日本型雇用を増やせ」と主張しても不毛であるし、企業の側もルール不在のままでは健全な経済活動ができない。両者が納得し、持続可能な労使関係のモデルを構築する必要がある。ブラック企業問題の本質は、労使関係にあると書いた。であれば、解決策も、なにより労使関係の再構築にこそある。

そこでまず、賃金に対する要求は一定程度に抑える必要がある。その分明確に命令に対する「限定」を確立する。ただし、賃金が低すぎては生活ができなくなる恐れがある。この点に関しては、必ずしも賃金だけに依存する必要はない。教育、医療、住居に関する適切な現物給付の福祉政策があれば、低賃金でもナショナルミニマムを担保できる。これらが欧州並みに確保されているだけで、かなりの水準の生活向上になることは間違いない。

もし、賃金の引き上げで生活を確保しようとすると、企業の支払能力に依存し、格差が拡大してしまう。どんな企業に勤めていようと、最低賃金と国家福祉で通常の家族形成可能な生活を営むことができなければならないのである。

このモデルを図式化すると、現状は「低福祉＋低賃金＋高命令」というアンバランスなものであるが、展望すべきモデルは「高福祉＋中賃金＋低命令」となる。企業側の無限定の命令は若者にとって、生活の見通しがたたない状態を生み出しているが、これは企業にとってもデメリットが大きい。若者の不信感が増大し、離職が増えれば、離職に伴う係争費用、採用費用、育成費用の増大が深刻になってくる。今現在は「使い捨て」で利益を上げていても、長期的には負担がのしかかってくるはずだ。

この状態で利益を得ることができるのは、国内の市場を無視した一部のグローバル企業と、労使が争うことで漁夫の利を得ようとする悪徳な弁護士だけである。悪徳弁護士は、ルール不在であるが故の商売を行っているが、社会悪というほかない。これによってますます社会的な費用がかさみ、日本の生産性や国際競争力は地に落ちていくことだろう。

新しいシステムへの移行は、日本で働く人々にとっても、日本で生産活動を行う企業にとっても、不可避なのだ。

そこでもう一つ重要であるのは、「普通の人が生きていけるモデル」を策定することである。たとえば人材コンサルタントの常見陽平氏は、世の中の人の「99％はジムであり、ガンダムではない」というが（『僕たちはガンダムのジムである』）、非常に説得力のある言葉である。「ジム」とは、いわば「やられ役」の量産型ロボットである。みんながエリートになれるわけではないのだ。それなのに、労働規制の緩和や、エリート教育ばかりがもてはやされる。それではブラック企業による人材の食いつぶしを強化するだけである。本当は、エリートのための「自由な働き方」を称揚するよりも、普通の人が生きていけるモデルを作らなければならない。ここで示したモデルは、そうした労使関係の構築を目指すものである。

■若者はどうしたらよいのか

では、こうした労使関係を構築するために、若者個々人はどうしたらよいのか。まず、第一に重要なことは、若者が「戦略的思考」を身に付けることである。すでに第5章でも述べたことだが、ブラック企業の戦略に対しては、若者も戦略的な行動をとらなければならない。だが、実はこうした「戦略的思考」の必要性は、ブラック企業問題に限らず、市民社会においては当たり前の事柄である。民主主義国家にあっては、何が正しく、何が権利であるのかは、すべて戦略的に主張し、争うことを通じて実現する。優れた君主が現れて、若者を救済してくれるのでは決してない。

そして、そうした市民社会における争いは、積み重なる中で「制度」を生み出す。社会の中に争い事が絶えなければみな不安になるし、経済効率もわるい。だから、「落としどころ」が慣習的に形成され、それをみなが守ることで安定した社会が構築されるのだ。さまざまなゆがみを持っていたとはいえ、日本型雇用はそうした「制度」としてながく日本社会を安定させてきた。だが、社会構造の変化の中で、日本型雇用が成り立たなくなっていった。ブラック企業はそうした間隙《かんげき》をぬって、最大の利益を得ようと「戦略的」に「制度」から抜け駆けしている。

若者も、「戦略的」にこの抜け駆けに対抗していき、そのことを通じてブラック企業を監視・統制し、新しい労使関係の「制度」を構築していく必要がある。例えば、ブラック企業の「技術」である退職強要に対して、多くの若者が「戦略的」に行動し、証拠をつかんで訴訟・団体交渉に訴えることで、彼らは容易に抜け駆けできなくなる。それが積み重なると、新しい法制や慣行、制度を作り出していく基礎となる。個人の次元で身を守るためにも「戦略的思考」は必要であるが、同時に、社会を安定化させていくためにも、戦略性は必要になるのである。

ここで一つだけ注意しておく必要がある。それは、個人的な「戦略性」と社会を変える戦略的行動の間には、一定の溝があるということだ。例えば残業代不払いや、退職強要に際して、「自分だけ」の解決を求めると、足元をすくわれかねない。ブラック企業の側も、本気で抜け駆けを争ってくる若者に対しては、実は金銭を支払う用意がある。つまり、「争う者」だけに話を限定して、自分たちのやっていることそのものは変えないようにしよう、という戦略だ。

個人的利害に依拠した戦略性がもっとも基礎になるとはいえ、同時に同じ若者全体への波及効果を、一人一人が意識する必要がある。例えば残業代の不払いだったら、自分だけではなくて、会社全体に支払うように思考する。退職強要だったら、他の被害者と連携して、問題解決に臨むという姿勢。こうした社会性のある思考をどれだけできるかも、同時に問われている。

ただ、私はこの点についてはほとんど悲観していない。なぜなら、労働相談に訪れる若者の多くが、「自分の問題」だけではなく、会社の同僚や、次に新卒で採用される若者のことを気にかけているからだ。「自分だけで被害は終わらない」から、会社と争いたいのだ、と。

こうした争いを積み重ね、日本型雇用後の新しい労使関係を、私たちの世代は作っていかなければならない。私がNPO法人を運営し、日々労働相談活動を行っている理由も、そうした将来を、私たち自身の手でつかみとりたいからなのだ。

■ブラック企業をなくす社会的な戦略

最後に、ブラック企業をなくす社会的な戦略を提案したい。それは、第一に、労働組合やNPOへと相談し、加入し、新しいつながりを作ることだ。このことによって、自らの「戦略的行動」に社会性を付与しやすくなる。また、そうした団体での行動を通じ、個人では解決できない問題を解決したり、他の人への支援をも行うことができる。こうして、労使関係の基礎を形成する。

ブラック企業は労使関係の解体の問題であり、かつその間隙を縫って現れた「ブラック士業」によって広がった。そうであれば、労使関係の再生こそが、ブラック企業を規制し、新しいモデルをつくる鍵となる。

そのためには、従来の労働組合のあり方を乗り越えなければならない。労働社会学者の木下武男氏は『格差社会にいどむユニオン』の中で、こうした新しいモデルを「外部構築」と命名している。従来の企業別組合だけに期待するのではなく、その外部から、新しい交渉や取り組みを広げていこうというのだ。企業別組合ではない新しい労使関係を模索することが、私たちの世代には求められているということだ。

第二に、労働法教育を確立し、普及することだ。特に、私は「生活科」の中でこれを行うことが重要だと考えている。自分の中学・高校の授業を振り返ってみても、生活科（家庭科）で習った消費者教育については、鮮明に記憶している。「クーリングオフ」制度や、身に覚えのない荷物が送られてきた場合の対処法。非常にリアルで実感のこもった内容だった。

現在でも、公民で労働権についての学習は行われているが、そうした知識は現実では何の役にもたっていない。労働に関する権利行使の仕方を具体的に教育し、つぎつぎに違法な企業が取り締られるようになること。さらには労働ＮＰＯやユニオンに対する適切な知識が普及し、加入率が増えていけば、ブラック企業はなくなっていくだろう。

そして、こうした労働法教育には、相談経験豊富な外部の講師を招いたり、新しい教材の作成が必要になる。私たちも年間に数十件の「労働法教育」の外部講師を高校や大学から依頼されるが、こうしたことを引き受けられる講師の育成も必要だ。

これら、「外部構築」にしても、教育活動にしても、ただ政府の対策を待っているだけではなく、私たち市民ひとりひとりがはじめられることである。本書を通じ、ぜひユニオンやNPOの取り組みに、多くの方の関心が喚起されることを期待したい。

【参考・引用文献】

木下武男『格差社会にいどむユニオン――21世紀労働運動原論』花伝社（2007）
『若者の逆襲――ワーキングプアからユニオンへ』旬報社（2012）
熊沢誠『格差社会ニッポンで働くということ――雇用と労働のゆくえをみつめて』岩波書店（2007）
今野晴貴『マジで使える労働法――賢く働くためのサバイバル術』イースト・プレス（2009）
今野晴貴・川村遼平『ブラック企業に負けない』旬報社（2011）
佐々木隆治『私たちはなぜ働くのか――マルクスと考える資本と労働の経済学』旬報社（2012）
田端博邦『グローバリゼーションと労働世界の変容――労使関係の国際比較』旬報社（2007）
常見陽平『僕たちはガンダムのジムである』ヴィレッジブックス（2012）
野川忍『労働法』商事法務（2007）
濱口桂一郎『新しい労働社会――雇用システムの再構築へ』岩波新書（2009）

湯浅誠『反貧困——「すべり台社会」からの脱出』岩波新書（2008）
吉田美喜夫・名古道功・根本到編『労働法〈2〉個別的労働関係法』法律文化社（2010）
労働政策研究研修機構・濱口桂一郎編『日本の雇用終了——労働局あっせん事例から』労働政策研究・研修機構（2012）

おわりに

本書では、世間で言われているような、ただ個人的な被害を強調するようなブラック企業問題の提示からは一線を画し、ブラック企業問題を「社会問題」として捉えることの重要性を示してきた。読者の皆様には、この問題がただ「一部にひどい企業がある」ということにとどまらず、日本の社会や経済を破壊する恐れのある、非常に重大な問題であることにお気づきいただけたことと思う。

ブラック企業問題は、若者の未来を奪い、さらには少子化を引き起こす。これは日本の社会保障や税制を根幹から揺るがす問題である。同時に、ブラック企業は、消費者の安全を脅かし、社会の技術水準にも影響を与える。

以上から導き出される結論は、ブラック企業の規制を実現してこそ、日本経済の効率性を高め、社会の発展を実現できるということだ。

結局「ブラック企業」という言葉の意味は何であるのか。それは、若者が現状を変えなければならない状態であることを、宣言したものである。そこには明確な定義もないし、象徴的な事件が名指されているわけでもない。

日本型雇用というこれまでの「ルール」が崩れ去った今、なにがしかの新しい秩序が求められている。これまでただ「自分を責める」ことしか知らなかった私たちの世代が、「ブラック企業」という言葉を発明し、この日本社会の現状を、変えるべきものだとはじめて表現したことにこそ、この言葉の意義はある。

ブラック企業は「概念」なのではない。私たちの世代が問題意識を持ち、それを結びつけ、そして世の中を動かしていこうとする「言説」なのである。

本書は昨年出版した拙著『ブラック企業に負けない』（共著、旬報社）と重なりあう部分も多いが、当時から多くの事例を積み重ね、問題の傾向を整理し、だいぶ内容に厚みを増すことができたものと思う。

また、本書は、私も編集に加わる雑誌『ＰＯＳＳＥ』（堀之内出版）所収の各拙論を編集し、作成した。雑誌『ＰＯＳＳＥ』は学生や若い編集者のボランティアが編集しており、これからもブラック企業問題に関する最新の実態や論点を発信していく予定である。

最後に、本書はNPO法人POSSEのスタッフ、同法人へと相談や情報を寄せてくださった同世代の方々をはじめ、多くの支えによって、刊行することができた。特に、過去の相談資料の収集に尽力してくださった事務局長の川村遼平氏、労働問題に関する基本的視座を授けて下さった木下武男先生、私の筆の遅れにもかかわらず企画を遂行してくださった文藝春秋の渡辺彰子氏には、格別の感謝の気持ちを申し上げたい。

2012年10月

今野晴貴

今野晴貴（こんの　はるき）
1983年、宮城県生まれ。NPO法人POSSE代表。一橋大学大学院社会学研究科博士課程在籍（社会政策、労働社会学）。日本学術振興会特別研究員。著作に『マジで使える労働法』（イースト・プレス）、『ブラック企業に負けない』（共著、旬報社）など。2006年、中央大学法学部在籍中に、都内の大学生・若手社会人を中心にNPO法人POSSEを設立。年間数百件の労働相談を受けている。
〔HP〕http://www.npoposse.jp

文春新書

887

ブラック企業《きぎよう》　日本《にほん》を食《く》いつぶす妖怪《ようかい》

2012年11月20日　第1刷発行
2020年6月25日　第18刷発行

著　者　今野晴貴
発行者　大松芳男
発行所　株式会社　文藝春秋

〒102-8008　東京都千代田区紀尾井町3-23
電話（03）3265-1211（代表）

印刷所　理想社
付物印刷　大日本印刷
製本所　大口製本

定価はカバーに表示してあります。
万一、落丁・乱丁の場合は小社製作部宛お送り下さい。
送料小社負担でお取替え致します。

ISBN978-4-16-660887-4

◆経済と企業

金融工学、こんなに面白い　野口悠紀雄
臆病者のための株入門　橘　玲
臆病者のための億万長者入門　橘　玲
売る力　鈴木敏文
安売り王一代　安田隆夫
熱湯経営　樋口武男
先の先を読め　樋口武男
こんなリーダーになりたい　佐々木常夫
新自由主義の自滅　菊池英博
黒田日銀　最後の賭け　小野展克
石油の「埋蔵量」は誰が決めるのか?　岩瀬　昇
原油暴落の謎を解く　岩瀬　昇
就活って何だ　森　健
新・国富論　浜　矩子
資産フライト　山田　順
円安亡国　山田　順

日本型モノづくりの敗北　湯之上隆
松下幸之助の憂鬱　立石泰則
さよなら！　僕らのソニー　立石泰則
君がいる場所、そこがソニーだ　立石泰則
日本人はなぜ株で損するのか?　藤原敬之
ビジネスパーソンのための契約の教科書　福井健策
ビジネスパーソンのための企業法務の教科書　西村あさひ法律事務所編
サイバー・テロ　日米vs.中国　土屋大洋
ブラック企業　今野晴貴
ブラック企業2　今野晴貴
『ONE PIECE』と『相棒』でわかる！細野真宏の世界一わかりやすい投資講座　細野真宏
日本の会社40の弱点　小平達也
税金　常識のウソ　神野直彦
アメリカは日本の消費税を許さない　岩本沙弓
税金を払わない巨大企業　富岡幸雄
トヨタ生産方式の逆襲　鈴村尚久
VWの失敗とエコカー戦争　香住　駿
朝日新聞　朝日新聞記者有志

働く女子の運命　濱口桂一郎
無敵の仕事術　加藤　崇
「公益」資本主義　原　丈人
人工知能と経済の未来　井上智洋
お祈りメール来た、日本死ね　海老原嗣生
2040年全ビジネスモデル消滅　牧野知弘
自動車会社が消える日　井上久男
新貿易立国論　大泉啓一郎
日銀バブルが日本を蝕む　藤田知也
AIが変えるお金の未来　坂井隆之・宮川裕章＋毎日新聞フィンテック取材班
なぜ日本の会社は生産性が低いのか?　熊野英生

◆世界の国と歴史

新・戦争論　池上 彰・佐藤 優
大世界史　池上 彰・佐藤 優
新・リーダー論　池上 彰・佐藤 優
知らなきゃよかった　池上 彰・佐藤 優
民族問題　佐藤 優
二十世紀論　福田和也
歴史とはなにか　岡田英弘
新約聖書Ⅰ　新共同訳 佐藤 優解説
新約聖書Ⅱ　新共同訳 佐藤 優解説
ローマ人への20の質問　塩野七生
新・民族の世界地図　21世紀研究会編
地名の世界地図　21世紀研究会編
人名の世界地図　21世紀研究会編
常識の世界地図　21世紀研究会編
イスラームの世界地図　21世紀研究会編
食の世界地図　21世紀研究会編

武器の世界地図　21世紀研究会編
戦争の常識　鍛冶俊樹
フランス7つの謎　小田中直樹
ロシア 闇と魂の国家　亀山郁夫・佐藤 優
独裁者プーチン　名越健郎
イタリア人と日本人、どっちがバカ?　ファブリツィオ・グラッセッリ
イタリア「色悪党」列伝　ファブリツィオ・グラッセッリ
第一次世界大戦はなぜ始まったのか　別宮暖朗
イスラーム国の衝撃　池内 恵
グローバリズムが世界を滅ぼす　エマニュエル・トッド ハジュン・チャン他
「ドイツ帝国」が世界を破滅させる　エマニュエル・トッド 堀 茂樹訳
シャルリとは誰か?　エマニュエル・トッド 堀 茂樹訳
問題は英国ではない、EUなのだ　エマニュエル・トッド 堀 茂樹訳
世界最強の女帝 メルケルの謎　佐藤伸行
ドナルド・トランプ　佐藤伸行
日本の敵　宮家邦彦
「超」世界史・日本史　片山杜秀
戦争を始めるのは誰か　渡辺惣樹

第二次世界大戦 アメリカの敗北　渡辺惣樹
オバマへの手紙　三山秀昭
熱狂する「神の国」アメリカ　松本佐保
戦争にチャンスを与えよ　エドワード・ルトワック 奥山真司訳
知立国家 イスラエル　米山伸郎
1918年最強ドイツ軍はなぜ敗れたのか　飯倉 章
人に話したくなる世界史　玉木俊明
世界史を変えた詐欺師たち　東谷 暁
トランプ ロシアゲートの虚実　小川 聡・東 秀敏
王室と不敬罪　岩佐淳士

◆こころと健康・医学

がん放置療法のすすめ　近藤　誠
がん治療で殺されない七つの秘訣　近藤　誠
これでもがん治療を続けますか　近藤　誠
健康診断は受けてはいけない　近藤　誠
国立がんセンターでなぜガンは治らない？　前田洋平
がん再発を防ぐ「完全食」　済陽高穂
愛と癒しのコミュニオン　鈴木秀子
あなたは生まれたときから完璧な存在なのです。　鈴木秀子
心の対話者　鈴木秀子
堕ちられない「私」　香山リカ
人と接するのがつらい　根本橘夫
依存症　信田さよ子
めまいの正体　神崎　仁
膠原病・リウマチは治る　竹内　勤
インターネット・ゲーム依存症　岡田尊司
マインド・コントロール　岡田尊司
100歳までボケない101の方法　白澤卓二
認知症予防のための簡単レッスン20　伊藤隼也
ヤル気が出る！　最強の男性医療　堀江重郎
ごきげんな人は10年長生きできる　坪田一男
50℃洗い　人も野菜も若返る　平山一政
卵子老化の真実　河合　蘭
糖尿病で死ぬ人、生きる人　牧田善二
さよなら、ストレス　辻　秀一
食べる力　塩田芳享
発達障害　岩波　明
医学部　鳥集　徹
がんはもう痛くない　内富庸介編
中高年に効く！　メンタル防衛術　夏目　誠
健康長寿は靴で決まる　かじやますみこ

◆社会と暮らし

池上彰の宗教がわかれば世界が見える　池上　彰
池上彰の「ニュース、そこからですか!?」　池上　彰
池上彰のニュースから未来が見える　池上　彰
ニッポンの大問題　池上　彰
「社会調査」のウソ　谷岡一郎
はじめての部落問題　角岡伸彦
フェイスブックが危ない　守屋英一
臆病者のための裁判入門　橘　玲
食の戦争　鈴木宣弘
生命保険のカラクリ　岩瀬大輔
がん保険のカラクリ　岩瀬大輔
詐欺の帝王　溝口　敦
潜入ルポ　ヤクザの修羅場　鈴木智彦
潜入ルポ　東京タクシー運転手　矢貫　隆
ルポ　老人地獄　朝日新聞経済部
ルポ　税金地獄　朝日新聞経済部

日本の自殺　グループ一九八四年
女たちのサバイバル作戦　上野千鶴子
首都水没　土屋信行
日本人のここがカッコイイ!　加藤恭子編
あなたの隣のモンスター社員　石川弘子
ヘイトスピーチ　安田浩一
2020年マンション大崩壊　牧野知弘
女子御三家　桜蔭・女子学院・雙葉の秘密　矢野耕平
本物のカジノへ行こう!　松井政就
生き返るマンション、死ぬマンション　荻原博子
「意識高い系」の研究　古谷経衡
子供の貧困が日本を滅ぼす　日本財団　子どもの貧困対策チーム
児童相談所が子供を殺す　山脇由貴子
闇ウェブ　セキュリティ集団スプラウト
予言者　梅棹忠夫　東谷　暁
スマホ廃人　石川結貴
帰宅恐怖症　小林美智子
高齢ドライバー　所　正文・小長谷陽子・伊藤安海

感動の温泉宿100　石井宏子

◆教える・育てる

幼児教育と脳　澤口俊之
子どもが壊れる家　草薙厚子
人気講師が教える理系脳のつくり方　村上綾一
英語学習の極意　泉 幸男
語源でわかった! 英単語記憶術　山並陞一
語源の音で聴きとる! 英語リスニング　山並陞一
外交官の「うな重方式」英語勉強法　多賀敏行
ブラック奨学金　今野晴貴
文部省の研究　辻田真佐憲
僕たちが何者でもなかった頃の話をしよう　山中伸弥・羽生善治・是枝裕和・山極壽一・永田和宏
続・僕たちが何者でもなかった頃の話をしよう　池田理代子・平田オリザ・彬子女王・大隅良典・永田和宏

◆サイエンス

サイコパス　中野信子
不倫　中野信子
「大発見」の思考法　山中伸弥・益川敏英
生命はどこから来たのか?　松井孝典
数学はなぜ生まれたのか?　柳谷 晃
ねこの秘密　山根明弘
粘菌　偉大なる単細胞が人類を救う　中垣俊之
ティラノサウルスはすごい　小林快次監修・土屋 健
アンドロイドは人間になれるか　石黒 浩
植物はなぜ薬を作るのか　斉藤和季
超能力微生物　小泉武夫
秋田犬　宮沢輝夫

(2018. 12) E　品切の節はご容赦下さい

◆政治の世界

◆アジアの国と歴史

文春新書のロングセラー

中野信子
サイコパス
クールに犯罪を遂行し、しかも罪悪感はゼロ。そんな「あの人」の脳には隠された秘密があった。最新の脳科学が解き明かす禁断の事実
1094

岩波　明
発達障害
『逃げ恥』の津崎、『風立ちぬ』の堀越、そしてあの人はなぜ「他人の気持ちがわからない」のか？　第一人者が症例と対策を講義する
1123

エドワード・ルトワック　奥山真司訳
戦争にチャンスを与えよ
「戦争は平和をもたらすためにある」「国連介入が戦争を長引かせる」といったリアルな戦略論で「トランプ」以後を読み解く
1120

近藤　誠
健康診断は受けてはいけない
職場で強制される健診。だが統計的に効果はなく、欧米には存在しない。むしろ過剰な医療介入を生み、寿命を縮めることを明かす
1117

佐藤愛子
それでもこの世は悪くなかった
ロクでもない人生でも、私は幸福だった。「自分でもワケのわからない」佐藤愛子ができ、幸福とは何かを悟るまで。初の語りおろし
1116